이슬람의 이해

ANNEMARIE SCHIMMEL
ISLAM
An Introduction
© State University of New York Press 1992

Translated by KIM Young-Kyung
© Benedict Press, Waegwan, Korea 1999

이슬람의 이해
1999년 12월 초판 | 2006년 8월 재쇄
옮긴이 · 김영경 | 펴낸이 · 이형우
ⓒ 분도출판사
등록 · 1962년 5월 7일 라15호
718-806 경북 칠곡군 왜관읍 왜관리 134의 1
왜관 본사 · 전화 054-970-2400 · 팩스 054-971-0179
서울 지사 · 전화 02-2266-3605 · 팩스 02-2271-3605
www.bundobook.co.kr
ISBN 89-419-9921-9 94280
ISBN 89-419-8651-6 (세트)
값 10,000원

종교학 총서 8

이슬람의 이해

안네마리 쉼멜 지음 | 김영경 옮김

분도출판사

어리석긴,
각자 자신의 우물 속에서
자신의 각별한 생각을 찬양하고 있다니!
이슬람이 하느님께 복종함을 의미한다면
우리는 모두
이슬람 속에서 살고
이슬람 속에서 죽는 것을.

— 요한 볼프강 폰 괴테 —

차 례

서론	9
이슬람 이전의 아라비아	17
무함마드	21
이슬람의 팽창	31
쿠란과 그 가르침	45
전승	77
율법	87
신학과 철학	107
쉬아, 그리고 관련 종파들	133
이슬람 신비주의와 수피 형제단	147
대중적 신앙과 성인 숭배	177
현대 이슬람 사회	185
참고서	211
색인	217

서 론

이슬람은 그리스도교가 대적해야 했던 종교들 중에서 그리스도교로부터 가장 심하게 왜곡되고 또 비난받은 종교이다. 이슬람은 천 년 이상 유럽인들에게 적어도 하나의 중대한 위협으로 보였고, 이러한 느낌으로 인해 이슬람과 그 신도인 무슬림들은 그리스도교와 서구 문명 최대의 적으로 간주되었다. 정치적인 차원에서 볼 때, 이 위협은 8세기초 아랍인의 스페인 점령과 함께 시작해서 1683년에 있었던 오스만 터키의 비엔나 포위를 마지막으로 비로소 끝났다.

그리스도교 전통의 유럽이 이슬람을 두려워한 것은 정치적 이유에서만은 아니었다. 이슬람은 그리스도교 이후에 출현한 유일한 세계종교였으므로 참된 종교로 인정할 수가 없었다. 흔히 이슬람은 단지 그리스도교의 이단 종파 중 하나로 보았다. 이미 초기 비잔틴 동방교회의 호교론적인 글 속에서 발견되는 이러한 태도는 이후 수세기에 걸쳐 계속되었는데, 근자에는 독일 신학자 아돌프 폰 하르낙(1930 사망)에 의해 표명되었고, 우리 세대에 이르러서조차 가끔 발견되곤 한다.

이슬람과 그 예언자 무함마드에 대한 중세 유럽인들의 견해는 완전히 왜곡된 것이었다. 얼마나 터무니없었는가 하면 그들은 무함마드를 보통 '마호메트'라고 불렀는데(무함마드에 해당하는 스코틀랜드어 '머하운드'가 악마를 의미하는 것은 여기에서 유래한다) 그를 일종의 '최고 신'이라고 생각했으며, 그의 황금상에 대한 경배를 운운할 정도였다. '황금 마홈 상像'(황금으로 만든 무함마드의 조상彫像)이라는 용어는 19세기 초 독일 낭만파 시에 이르기까지 계속 사용되었다.

우상숭배를 철두철미 배격했고 예언자 자신이 스스로를 유일무이한 하느님의 시종이며 일개 인간일 뿐이라고 했던 종교가 이 지경까지 왜곡될 수 있었던 것은 부분적으로 언어 지식의 결여에 기인하고 있다. 이슬람의 제의와 신학의 언어인 아랍어에 대한 지식의 중요성은 14세기초에 이르러서야 비로소 어느 정도 인식되어 유럽 남부에 있는 대학들에서 특강이 개설된 정도였다(그러나 무슬림이 지배하고 있던 스페인의 그리스도교 성직자들은 지배자의 언어에 정통해 있었다).

1143년, 최초의 라틴어판 쿠란을 로베르투스 케테넨시스가 완성했다. 그로부터 정확히 4세기 후, 바로 이 (반박문이 포함된) 이슬람 경전 번역본을 마르틴 루터(1546 사망)의 격려하에 비블리안더가 바젤에서 인쇄했다. 이에 준해 이탈리아어 번역본이 나왔고, 이어 1616년 살로몬 슈바이거의 독일어 번역본이, 그리고 연이어 네덜란드어 번역본이 나왔다.

이 시기에 비로소 극소수의 학자들이 선교적 의도가 없이 아랍어에 관심을 보이기 시작했다. 아랍 역사와 이슬람의 언어에 대해 사람들이 차츰 친숙해졌음에도 불구하고 16~17세기에는 지독하게 반이슬람적인 일련의 책들이 출판되었다. 이는 물론 동유럽에 대한 터키의 압력과 관련이 있었다. 이 시기의 많은 시작詩作, 특히 독일 작가들의 작품은 '터키인의 종교'에 대해 품고 있던 끝없는 증오심을 반영하고 있다.

계몽주의 시대에 접어들면서 이슬람을 포함하여 종교에 대한 새로운 형태의 접근이 서서히 등장하기 시작했다. 앙리 드 불랭빌리에(1658~1722)가 처음으로 무함마드를 이성에 근거하며 그에 합치하는 종교를 역설한 인물로 묘사했다. 이 시기 계명된 학자들의 태도를 가장 잘 묘사한 사람은 아마도 헤르만 사무엘 라이마루스(1694~1768)일 것이다. 그는 이렇게 썼다.

> 나는 터키인의 종교에 대해 이런저런 흠을 잡은 사람들 중 다만 몇 명만이 「코란」을 읽었으며, 그것을 읽은 사람들 중에서도 그 건전한 의미를 제대로 파악하고자 한 — 그럴 능력이 있었을 텐데도 — 사람은 극소수에 불과하다고 확신한다.

영국인 학자 조지 세일의 쿠란 번역본이 출간된 것은 바로 이 시기였다(1734). 쿠란에 대한 세일의 견해는 도대체 쿠란의 번역이 왜 필요한지를 변명해야 했던 그의 선배 학자들보다는 더 객관적이었고, 좀더 사실에 충실했다. 아랍 원어로부터 직접 독일어로 옮긴 첫번째 번역은 다빗 프리드리히 메걸린(1772)에 의해서 이루어졌다. 괴테(1832 사망)는 이 번역본을 사용했다. 일년 후 프리드리히 에버하르트 보이젠에 의해 또 다른 독일어 번역본이 출간되었다.

동료들로부터 '아랍 문학의 순교자'로 불린 불굴의 학자 요한 야콥 라이스케(1715~1774)는 처음으로 이슬람사를 세계사에 편입시키는 일을 시도했다. 이슬람에 대한 서구의 오랜 — 비록 적대적이지는 않을지 몰라도 — 비판적인 자세에 종지부를 찍은 전형적인 태도는 괴테의 「동-서양의 디반에 대한 메모와 소고」(1818)에 실려 있다. 그는 무함마드의 인간됨뿐 아니라 아랍어와 페르시아어 속에 담겨 있는 이슬람 문명의 정수를 조심스럽고도 공정하게 묘사하려고 노력했다.

괴테는 물론 이슬람화한 오리엔트가 정치적·사회적 반목에도 불구하고 서구 문명을 살찌우던 시기가 끝날 즈음 태어났다. 아랍 자연과학의 대표자들이 유럽에 더할 나위 없이 값진 보물을 안겨준 중세 스페인에서 이슬람이 끼친 문학적·예술적 영향을 추적하는 일은 가능하다. 오리엔트의 영향은 중세 시대의 이야기나 낭만적인 일화, 그리고 시에서도 발견할 수 있다. 십자군 원정에서 돌아온 사람들은 서양에 희귀한 물건들을 소개했다. 많은 어휘들(*tabby*[1], *damast*[2], *baldachin*[3],

---

일러두기: 이 번역서의 각주는 역자가 달았다.

[1] 줄무늬를 넣은 견직물의 일종.

[2] 다양한 직조술을 통해 단색으로 문양을 넣은 천.

[3] 제단이나 영묘를 지을 때 그 중심부를 덮어씌우는 철재·목재·석재 등으로 된 천개(天蓋).

*muslin*⁴, *lute*⁵ 등)이 당시 유럽에 유입된 귀중품 상당수가 아랍산이라는 증거이다. 많은 별자리 이름(Aldebaran,⁶ Betelgeuse⁷)과 수학 용어(algorithm⁸, algebra⁹)와 화학 용어(alchemy, alcohol)들은 아랍이 건네준 과학 유산의 일부이다.¹⁰

후에 오스만 제국이나 이란, 혹은 무갈 제국이 지배하고 있던 인도를 다녀온 여행자들은 이들 국가의 부와 번영에 대해 보고했다. 그들은 또한 페르시아 문학작품을 독일어로 소개했다. 아담 올레아리우스가 독일어로 번역한 사디(1292 사망)의 「굴리스탄」(1653)이 그 전형적인 예다.

"우리 덕분에 페르시아가 당당히 홀슈타인으로 들어온다!" 북부 독일의 작은 공국 슐레스비히-홀슈타인-고토르프의 이란 주재 대사관 직원이었던 파울 플레밍(1651 사망)이 남긴 글이다. 비록 다니엘 카스파 로헨슈타인이 지독하게 악의에 찬 반터키적인 연극을 만들기는 했지만, 오리엔트는 이제 더 이상 반反 그리스도의 본거지에 머물지 않고 「아라비안 나이트」에 소개된 경이로운 일들로 가득한 동화의 나라로도 여겨지게 되었다. 이 이야기들은 18세기초 앙투안 갈랑(1715 사망)에 의해 프랑스어로 번역되었다. 다소 사유스럽게 변안이 된 이 천일야

---

⁴ 무명 천.
⁵ 기타와 비슷하게 생긴 현악기. 14~17세기에 서양에서 사용되었다.
⁶ 황소자리에 있는 1등 별.   ⁷ 오리온자리에 있는 1등 별.
⁸ 산수(算數).   ⁹ 대수학(代數學).
¹⁰ 오늘날 '서구화'(Westernization)가 서방 유럽에서 시작한 새로운 사조를 지향하고 그에 발맞추는 것을 의미하듯이 중세 유럽인들은 이슬람이 지배하고 있던 동양(Orient)을 지향했다. '오리엔테이션'(Orientation)이라는 말에 함축되어 있는 '새로운 사조나 문화에 대한 적응'이라는 의미는 이로부터 유래한다.

화⊤—夜話는 수많은 시인과 음악가와 화가들에게 영감을 주었고 오늘날까지도 그것은 지속되고 있다.

18세기가 끝날 무렵 오리엔트의 고전적인 시詩가 유럽에 소개되기 시작했다. 수많은 아랍어, 페르시아어, 터키어 작품을 독일어로 번역한 요셉 폰 함머-푸르그스탈(1774~1856)의 공은 높이 평가받아 마땅하다. 함머의 완역으로 1812~1813년에 출간된 하피즈의 「디반」은 괴테의 영감을 자극, 페르시아 걸작시에 대한 서방 최초의 시적 응수로서 「동-서양의 디반」을 쓰게 했다. 10권에 달하는 「오스만 제국의 역사」와 같은 주요 역사서 역시 함머-푸르그스탈의 덕으로 편찬되었다. 함머의 시간제 도제인 프리드리히 뤼커르트(1788~1866)도 일급 오리엔트 학자였으며,[11] 그가 동시에 천부적인 시인이었다는 사실은 독일로서는 행운이 아닐 수 없었다. 뤼커르트는 아랍어, 페르시아어, 인도어로 씌어진 막대한 양의 주옥 같은 시를 원어에 가장 가까운 형식과 운율을 구사하여 독일에 소개했다. 그러나 뤼커르트 이후 문학적 번안 작업과 학문적 연구는 서로 그 분야를 달리하게 되었다.

캘커타의 영국 학자 포트 윌리엄의 저작을 필두로 앵글로-색슨 학계도 오리엔트학의 발전에 큰 역할을 했다(캘커타는 1757년 이래 영국령이었다). 19세기 영국과 프랑스 양국의 식민지에 대한 관심은 무슬림의 생활양식과 관습들을 소개하

---

[11] 오리엔트학자(Orientalist)란 오리엔트학(Orientalism), 즉 동양의 언어와 문화 등 '동양에 관한 지식'이 해박한 학자를 일컫는 말이다. 이는 서양(Occident)을 기준으로 만들어진 용어이다.

는 문헌을 풍부하게 산출했으며, 이는 다시 다양한 장르의 오리엔트적인 화풍과 건축양식을 불러일으켰다. 그러나 독일에서는 이슬람의 역사와 문학, 그리고 아랍어 문법에 대한 순수 학문적인 연구가 진지하게 추구되었다.

이슬람에 대한 학문적인 접근이 시작된 것은 19세기였다. 1842년, 구스타프 바일은 경건한 신자들에 의해 후세에 만들어진 전설로부터 역사적인 사실로 보여지는 것들을 분리시켜 예언자의 생애를 기술하고자 했다. 그러나 그후 수십년에 걸쳐 윌리엄 뮈르와 오스트리아의 알로이스 슈프렝거, 그리고 마르골리오스는 무함마드를 신경질적이고 병적인 인물, 협잡꾼(여기까지는 그전 세기까지 사람들이 그를 평해 말한 것과 같다) 혹은 기껏해야 단순한 사회개혁가였다는 등 오히려 그를 부정적으로 묘사하려 했다.

한편 독일의 테오도르 뇔데케는 쿠란 역사 연구의 기초를 다졌고, 헝가리 출신 이그나즈 골드찌허(1921 사망)는 하디스의 역사와 쿠란 해석의 상이한 방법에 관해 탁월한 연구서들을 내놓았으며, 그밖에도 필적을 불허하는 수많은 대·소 저작을 남겼다. 이 두 학자는 네덜란드의 이슬람 학자 스노크 후르그론예와 더불어 이슬람학의 초석을 놓았다. 이들과 이들의 동료, 그리고 후배 학자들은 예언자가 진정으로 무엇을 의도했는지, 이슬람 지성사가 어떻게 전개되어 나갔는지를 알아내려 노력했다. 이들은 당시 (학계에 알려진) 최신의 방법론을 동원하여 "역사의 밝은 빛 아래서 태어났음에도 불구하고" 여전히 수많은 신비 속에 감추어져 있던 이 종교를 에워싸고 있는 듯한 전통과 사상과 그 발전 양태들을 꿰뚫어보려 했던 것이다. "우리는 무함마드를 이상화하기에는 너무나 많은 것을 알고 있는 반면, 그를 정당하게 평가하기 위해서는 아는 바가 너무나 적다"고 언젠가 칼 하인리히 베커(1933 사망)는 말한 바 있다.

에드워드 사이드처럼 영국이나 프랑스 학자들의 저작 속에서 제국주의적 목적을 발견했든, 아니면 이슬람의 정신적인 측면에 대한 참된 이해가 결여되었음을 유감으로 여겼든, 아무튼 지난 세기의 오리엔트 학자들은 최근 수십년 동안 자주 비판의 도마에 올랐다. 그러나 근년에 있어서는 오히려 괄목할 만한 분량의 저작물들이 이슬람, 특히 이슬람의 신비주의 차원에 대한 저자들의 따뜻한 공감을 내보이고 있다. 그동안 수많은 악평에 시달리던 한 종교를 더 잘 이해하고자 하는 이러한 새로운 노력에는 제2차 바티칸 공의회의 긍정적인 태도가 한몫을 했다. 그러나 우리는 색다른 관점에서 이슬람 초기의 역사와 문화를 설명하려 하는 지극히 비판적인 접근들도 아직 있다는 사실을 간과하지 말아야 할 것이다.

사회학적 혹은 정치학적 접근들이 열어주는 넓은 세계는 일단 접어두고 이슬람의 역사에 대한 전통적인 견해를 살펴보기로 한다.

이슬람 이전의 아라비아

고대 이래 풍요로운 아라비아로 알려진 아라비아 남부는 그 부로 명성이 높았으나 무함마드가 태어날 즈음(570)에는 그 전성기가 이미 지나 있었다. 고대 다신교 전통은 유대교나 그리스도교의 영향으로 거의 대체된 상태였다. 그러나 아라비아 중앙에는 여전히 다소 '원시적인' 종교가 지배하고 있었으며, 수많은 부족의 성소들이 명성을 떨치고 있었다. 동굴이나 바위가 바라카[주력呪力]를 지닌 신성한 것으로 간주되었다(이는 셈족에게는 일반적인 현상이었다). 돌에 대한 의례의 중심지는 메카였다. 이곳 카바 성전의 남동쪽 모서리에 안치된 검은 돌은 매년 행해지는 순례의 대상이었다. 특정 기간에 이루어진 순례는 이 부유한 교역의 중심지에 경제적 이익을 가져왔다. 4개월에 걸친 성스러운 기간 중, 이곳에는 박람회와 장터가 열렸고, 싸움과 살인이 금지되어 있어서 씨족이나 부족을 달리하는 아랍인들이 모두 이 성지로 여행을 하곤 했다. 무슬림들이 자힐리야[무지의 시대]라고 부르는 이 시기의 비문이나 문학작품을 근거로 판단할 때, 당시 아랍인의 삶 속에서는 경건한 신앙심의 흔적을 거의 찾아볼 수 없다. 6세기말 이후 (주로 시문학으로 대변되는) 아랍 문학은 용기, 극진한 환대, 복수, 피할 수 없는 숙명에 대한 믿음 등 베두인의 덕목을 기리는 것으로 주종을 이루었으며, 종교적 의식$_{意識}$은 별로 보이지 않는다. 영웅적인 삶을 다룬 작품과 비교해 볼 때, 선정적인 소재는 부차적이었다. 여인들은 흔히 전장에서 쓰러진 부족의 용사들을 기리는 애가를 지어 불렀고, 성소를 지키던 사제들은 거창한 가락의 서사시로 점을 쳤다.

 이미 그 옛날, 당시 아랍어가 얼마나 고도로 발달해 있었는지를 생각하면 다만 놀라움을 금치 못할 뿐이다. 모든 부족에게 통용된 시적 관용구가 일상어의 방언적 차이를 무의미하게 만들었고, 이는 또한 셈어 계통의 모든 언어 속에 내재되어 있던 가장 좋은 경향들을 거의 완벽에 가까울 정도로 발전시킨 것이었다. 어휘는 무궁무진했고 문장 구조는 극히 간결했으며, 이미 그 이른 시기의 시작에 여러 가지 운율들이 사용되고 있었다. 사실 후대의 아랍시$_{詩}$는 그 완벽성에 있어서 이슬람 이전의 수준에 미친 적이 거의 없다. 실로 무한한 표현의 가능성을 지닌 이 언어야말로 이슬람이 아랍 땅에서 취할 수 있었던 것 중에서 가장 값진 것이었을 것이다.

 아랍 고대시$_{詩}$ 여기저기에는 유랑하는 수도승이나 은둔자의 독방으로부터 새어나오는 불빛 등 그리스도교적인 소재가 보인다. 메카인들의 교역 대상인 비잔틴과 페르시아 제국의 영향권 변두리에 위치하고 있었으므로 야콥파나 멜키트파, 또는 네스토리우스파 그리스도인들과의 접촉이 용이했으나 아라비아 중심부인 이곳에는 아직 그리스도인들의 집단 주거지가 없었던 것으로 보인다. 그러나 멀지 않은 곳에 위치한 메디나에는 유대인 정착촌이 있었다. 더욱이 쉬바국의 왕들은 500년경 유대교로 개종한 상태였다. 고대 아랍시詩에는 아랍 부족의 기성 종교에 만족하지 않고 더 고차원적 신앙을 찾아나선 구도자들에 관한 언급도 있다. 아랍인들은 이들을 하니프라고 불렀으며, 추측건대 이들의 관심은 (다른 지역의 아랍인들 사이에서도 발견되는 개념인) 최고의 신 알라에 대한 믿음에 집중되어 있었던 것으로 보인다. 이들의 종교적 열의는 그리스도교나 유대교와의 접촉을 통해 강화되었을 것이다. 만약 무함마드가 등장하지 않았다면 아라비아는 아마도 6세기 말이나 7세기 초 그리스도교화했으리라는 추측도 해 봄직하다.

무함마드

무함마드는 570년경 쿠라이쉬족族 하쉼 가문의 일원으로 메카에서 태어났다. 메카의 원로들은 대부분 쿠라이쉬족에 속해 있었다. 그는 일찍 부모를 여의고(아버지는 그가 태어나기 전에 세상을 떠났다) 백부 아부 탈립 밑에서 성장했다. 대부분의 동향인들처럼 무함마드도 상업에 종사했다. 성실성을 인정받아 알-아민이라고 불린 청년 무함마드는 몇 번에 걸친 시리아행 교역을 성공적으로 마친 후, 자신을 고용한 연상의 여인 하디자와 결혼했다. 그녀는 여러 명의 자식을 낳았으나 네 딸만 살아남았다. 그나마 한 명을 제외하고는 모두 무함마드보다 일찍 죽었다. 하디자가 살아 있는 동안(50세쯤 사망) 무함마드는 다른 여인과 결혼하지 않았다. 이 사실은 서구사회에 널리 퍼진 편견이 근거없음을 말해준다. 특히 독신주의를 이상적으로 생각한 사람들을 경악시킨 사실로서, 서구에서는 무함마드가 후에 부인을 여러 명 두었다는 단순한 이유를 들어 그를 극히 호색적인 인물로 간주했던 것이다.

무함마드는 때때로 히라 산山에 올라 동굴에 은거했다. 명상을 즐기기 위해서였다. 마흔 살쯤에 그는 환영幻影과 환청에 압도당하는 체험을 했다. 이것이 그에게 신의 소명을 전하려는 천사에 의한 것임을 믿기까지는 약간의 시일이 필요했다. 쿠란의 96번째 수라는 그러한 신탁의 첫마디, '이끄라'〔읽어라, 복창하라〕와 함께 그 충격적인 체험을 전해주고 있다.[1] 이러한 체험으로 인한 정신적 충격을 극복하는 데 큰 힘이 된 사람은 그의 충실한 반려자인 하디자였다.

무함마드를 통해 전달된 초기의 선언들은 단 하나의 주제, 임박한 심판의 날에 초점을 맞추고 있다. 숨가쁘게 이어지는 짧은 운문 가락 속에 불시에 닥칠 운명의 순간과 심판의 날과 부활의 장면이 충격적으로 묘사되었다. 이제 그 시각이 들이닥칠 것이다. 곧 그 때가 문앞에 이를 것이며, 하느님을 잊고 세상 일에 몰두하는 자들을 흔들어 깨울 것이다. 그러면 그들은 자신의 죄를 고하기 위해 주님의 면전에 서야 할 것이다. 수라 81에 극적 언어로 묘사되어 있듯이 — 지진과 화재나 일식 등 — 천재지변이 심판의 날이 임박했음을 알릴 것이다.

태양이 어두워질 때,
별들이 떨어질 때,

---

[1] 쿠란은 모두 114개 장으로 구성되어 있는데, 각 장을 수라라 한다. 파티하, 요셉 등 각각 고유의 명칭이 있으나 이 책에서는 수라 2, 수라 26/19처럼 아라비아 숫자로 대신한다.

산들이 흔들릴 때,
만삭의 암낙타들이 버림을 받을 때,
야생의 금수들이 무리를 이룰 때,
바닷물이 끓어 넘칠 때,
영혼이 짝지어질 때,
"무슨 죄로 살해되었는고?"라는 질문이
생매장된 여아에게 던져질 때,
족자들이 펼쳐질 때,
하늘이 벗겨질 때,
지옥의 화염이 혀를 날름거릴 때,
천국이 지척간에 놓일 때,
그때 영혼은 자신이 이승에서 무엇을 했는지 알게 되리라.

그 시각에 이스라필이 나팔을 불 것이고, 죽은 자들의 몸이 일으켜지면 그들은 어리둥절하며 서로 자신의 운명에 대해 걱정을 할 것이다. 일련의 시련을 거쳐야 하며 마침내 불신자들과 죄인들은 발목과 멱살을 잡혀 끌려갈 것이다. 심판과 지옥의 형벌에 대한 쿠란의 묘사는, 가령 그리스도교 묵시문학이 묘사한 참혹함에는 미치지 못한다. 그러나 후기의 대중 신앙 속에서는 온갖 종류의 징벌이 빠짐없이 소개되었다. 유황불 속의 고통, 참을 수 없는 악취를 풍기는 열탕, 독이 든 나무의 열매, 그리고 각양각색의 고문들이 그것이다.

그러나 무함마드는 자신이 부름받은 것이 사람들을 꾸짖고 위협하기 위해서만이 아니라 기쁜 소식을 전하기 위해서라는 것을 알게 되었다. 하느님의 계명에 따라 산 사람들은 모두 젖과 꿀이 흐르고 미모의 처녀들이 기다리는, 시원하고 향기 가득한 낙원으로 들어갈 것이다. 여성과 어린아이들도 천상의 축복에 동참할 것이다. 이러한 낙원 묘사는 흔히 그리스도교측 호교론자들로부터 감각적이라는 비난을 받아 왔으나 우리는 이것이 동일 주제에 대한 동방 정교회의 설교들보다는 현란하지 않다는 사실에 유의해야 할 것이다.

현실적 성격의 소유자인 메카 상인들은 무함마드의 말을 심각하게 받아들이지 않았다. 육신의 부활은 그들이 보기에 불가능할 뿐 아니라 터무니없는 일에 불과했다. 쿠란에는 이들을 설득하기 위한 증거들이 여럿 제시되고 있다. 첫째, 이 세상을 무無에서 창조한 하느님에게 이미 존재했던 것들을 다시 결합시키는 일은 어려울 게 없다. 둘째, 분명히 죽었던 사막이 비온 뒤에 다시 소생하는 것은 인간도 소생을 할 수 있다는 상징이다. 이것은 후에 교육적이거나 신비적인 시작詩作에서 즐겨 다룬 주제로서 눈이 있는 자에게 봄은 항상 부활을 증거하기 때문이다. 끝으로 인간의 임신과 출생은 하느님의 무궁무진한 창조력의 징표로 이해될 수 있다. 수정란으로부터 한 완전한 생명체가 성장한다는 사실은 실로 죽은 자의 부활 못지않게 기적적이다. 또한 지난날 죄를 범한 민족들에게 내려진 징벌과 고대국가들을 쓸어 없앤 재난은, 죄인들은 물론이고 예언자들을 거부함으로써 파멸을 자초한 민족들을 하느님이 어떻게 벌하는지, 그 증거로서 충분할 것이다.

창조와 최후의 심판은 밀접한 관계가 있으므로 창조자와 심판자는 논리적으로 동일한 존재일 수밖에 없다. 동반자도 보조補助의 신도 필요치 않는 유일신에 대한 믿음은 초창기 이래 계시의 핵심을 이룬다. 수라 112는 다음과 같이 밝힌다.

말하라! 하느님은 한 분, 하느님은 영원하신 분, 잉태하시지도 잉태되시지도 않으며 누구도 그분과 동등하지 않느니라.

오늘날은 주로 그리스도교의 삼위일체 교리를 부정하는 데 사용되는 이 수라는 원래 '알라의 딸들'에 관한 아랍인의 오랜 믿음을 겨냥했을 것이다. 어떻게 이해되든 이슬람의 핵심으로 남은 것은 타우히드〔하느님의 유일성을 믿음〕이며, 어떠한 경우에도 용서받지 못할 유일한 죄는 쉬르크〔하느님 곁에 무엇인가를 모셔 섬기는 행위〕이다.

　인간의 의무는 가슴 밑바닥에서 우러나오는 정성으로 몸과 마음을 다해 (쿠란 각 장의 서두에서 그분을 일컫듯이 혹은 무슨 일을 하든 무슬림들이 일을 시작하기 전에 읊조리듯이) 이 유일하고 전능한 하느님, 이 자비롭고 은혜로운 분에게 복종하는 것이다. '이슬람'이라는 단어는 바로 이렇게 신의 의지에 완전히 복종함을 뜻하며, 그렇게 복종을 실천하는 사람이 곧 무슬림이다(무슬림은 살람〔평화〕이라는 단어와도 관련이 있는 어간 *s.l.m.*의 제4 능동분사형이다). 무슬림들은 '무함메단'이라는 용어를 싫어한다. 왜냐하면 이는 그리스도인들이 그리스도의 이름을 좇아 '크리스천'이라고 자칭하는 것을 연상시키기 때문이다. 후에 생겨난 몇몇 신비주의 사조의 추종자들만이 정신적·현실적 지도자인 예언자에 대한 절대적 충성을 표하기 위해 '무함마디'라고 자칭했다.

창조주이며 동시에 심판자로서 한 분 하느님을 믿는 무슬림은 그분에 대해 몇 가지 의무를 지고 있다. 우선 무슬림은 그분의 서책 — 토라, 시편, 복음서 그리고 쿠란 — 을 믿는다. 무슬림은 또한 아담으로부터 족장들을 거쳐 모세와 예수, 그리고 마지막으로 율법을 전한 예언자 무함마드에 이르기까지 그분의 예언자들을 믿는다. 더 나아가 무슬림은 하느님의 천사와 최후의 심판, 그리고 "선과 악이 공히 하느님으로부터 온다"는 사실을 믿는다. 무슬림은 하느님이 언제 어디서나 우리와 함께하고 있으며, 고로 우리의 삶에 세속적이라고 칭할 만한 것이 실은 없다는 사실을 항상 염두에 두고 계시된 율법에 준한 삶을 살려고 노력한다. 쿠란 속에는 의례적인 의무조항을 수행할 것과 자비롭고 정의롭게 행동하라는 명령이 나란히 명시되어 있다. 한 예로, 살라트〔예배〕는 거의 예외없이 자카트(구휼세救恤稅)와 함께 거론되고 있다. 한편 종교적 의무는 등한히한 채 자신의 재물을 관리하는 데만 여념이 없는 속물들에게는 신의 징벌이 내려질 것이라고 경고하고 있다.

처음 무함마드는 자신이 아랍인들에게 보내진 예언자로서, 아브라함 이래 그들에게는 아무 예언자도 주어지지 않았으므로 자신이 하느님의 경고를 전하도록 보내졌다고 생각했다. 그러나 단지 소수, 그것도 주로 하류층 사람들만 그의 주위에 모였다. 지고한 유일신의 교리는 메카의 주된 수입원, 즉 다양한 신을 기리는 박람회, 특히 메카를 찾는 순례객들로부터 거두는 수입을 위협하는 듯했으므로 상황은 호전되지 않았다. 메카 주민의 탄압이 심해지자 일군의 신참 무슬림들은 그리스도교 국가인 아비시니아로 이주했다. 무함마드가 처한 상황은 619년 그의 부인과, 비록 이슬람으로 개종하지는 않았으나 조카를 진심으로 지원해 주던 백부 아부 탈립이 세상을 떠나자 더욱 악화되었다. 그러나 621년 하나의 전기가 주어졌다. 메카 북부에 위치한 도시 야트립 출신 주민 약간명이 입교한 데 이어 내분으로 찢긴 그들의 도시로 와 달라고 무함마드를 초청한 것이다. 충실한 교우들이 모두 메카를 빠져나간 뒤 무함마드 자신도 동료인 아부 바크르와 함께 622년 6월 야트립으로 이주했다. 야트립은 곧 마디나트 안-나비[예언자의 도시] 혹은 줄여서 메디나로 불리게 되었다.

무슬림들은 그들의 연대가 이 이주[히즈라 혹은 헤지라]와 더불어 시작했다고 생각한다. 왜냐하면 무함마드의 활동이 이 사건을 기점으로 결정적 전기를 맞았기 때문이다. 메카 시절의 종교적 이상이 이제 실천에 옮겨지기 시작했다. 더욱이 이전까지 무함마드는 자신이 단순히 종래의 계시 종교인 유대교와 그리스도교의 선양자라고 생각했다. 그는 자신이 유대교니 그리스도교가 가르치고 실천하는 것과 내용이 같은 진리를 전한다고 확신하고 있었다. 쿠란 속에는 성경을 통해 우리에게 알려진 이야기들도 발견된다. 예를 들면 수라 12에는 소위 '가장 아름다운 이야기'라는 것이 담겨 있는데, 수많은 무슬림 시인들에게 영감을 준 주제로서 다름아닌 요셉과 그의 형제들, 그리고 (쿠란 속에서는 줄라이카로 알려진) 포티파르의 아내에 관한 이야기이다. 그러나 유대인들은 자신들의 종교 전통과 관련된 계시들을 믿지 않았다. 무함마드에게 계시되었다는 내용은 성경과 일치하지 않고 누락된 부분이 많다고 생각되었기 때문이다. 그들의 부정적인 태도는 무함마드로 하여금 유대인들이 성경의 계시 내용을 수정했다는 심증을 굳히게 했다. 그는 자신에게 계시된 내용만이 진실에 부합하며, 자신이 직접적인 계시에 의거해서 전하는 신앙이 유대교인이나 그리스도인들이 믿는 신앙보다 훨씬 오래된 것이라는 결론을 내렸다. 자신의 신앙이 곧 이스마일(이스마엘)을 통해 아랍인들의 선조이기도 하며, 또 메카의 성소인 카바 성전을 세웠다는 아브라함이 신봉했던 순수한 신앙이다. 선조들의 별에 대한 신앙을 거부한 하니프 아브라함이 최초로 세운 순수한 유일신교가 유대교인과 그리스도인들에 의해 훼손되었으며, 이제 이슬람 속에서 되살아나야 하는 것이다.

　이슬람이 아브라함과 이러한 관계를 맺고 있다는 인식하에서 당초 예루살렘으로 향했던 예배의 방향은 메카 쪽으로 바뀌었다. 이로써 메카의 정복은 불가피한 과제가 된 셈이었다. 이주를 한 지 8년이 되던 해, 무함마드는 자신의 고향으로 개선했다. 물론 지난 8년간 그는 메카를 상대로 여러 차례의 전투를 치러야 했다. 624년, 바드르 전투에서는 숫적으로 열세인 무슬림들이 메카의 대군을 맞아 그들을 대파했는가 하면, 그 다음해에 있은 우후드 전투에서는 메카군이 신승을 거두기도 했다. 이러한 와중에서 세 개의 유대 부족이 제거되었으며, 그 중 일부는 몰살당했다. 메카 주민들은 동향인인 무함마드의 성장을 심히 불안해했으나 결국 그의 승리를 막을 수는 없었다. 무함마드는 자신을 제거하려고 갖은 음모를 꾸몄던 자들까지도 대부분 용서해 주었다. 그러나 그는 메카에 머물지 않고 다시 메디나로 돌아갔다. 632년, 메카 순례를 하고 돌아온 후 얼마 있지 않아 무함마드는 메디나에서 세상을 떠났다. 하디자가 사망한 뒤 무함마드는 (주로 과부인) 여러 명의 여성을 부인으로 맞아들였다. 그 중 그가 가장 아끼는 부인은 결혼 당시 어린 소녀에 불과한 아이샤였다. 무함마드가 숨을 거둔 곳은 바로 그녀의 집이었다. 그녀의 아버지 아부 바크르 앗-시디크[극히 경건한 이]는 그의 첫 후계자[칼리프]가 되었다.

생의 후반기에 무함마드에게 내려온 계시는 그 형태에 있어서 전반기와 큰 차이가 있다. 운문 형식은 줄어들고 종말론적인 격렬한 경고는 의례나 제도적인 문제에 대한 가르침으로 대체되었다. 중재자로서 그리고 공동체의 지도자로서 무함마드는 이제 신생 공동체의 정치적·사회적 기반을 다지기 위한 규약과 법령들을 필요로 했던 것이다. 삶의 모든 분야가 종교에 의해서 규정되었다. 공동체적 삶에 있어서 정치적인 면과 종교적인 면을 엄밀하게 구분한다는 것이 실은 있을 수 없는 일이듯 전적으로 세속적인 행위라는 것도 결국은 있을 수가 없었다. 모든 행위는 '하느님의 이름으로'[비스밀라]라는 말로 시작해야 하며, 하느님 앞에서 책임을 질 수 있도록 행해야 한다. 인간은 이제 직접 하느님의 면전에 서게 되었고, 중재자 역할을 하는 사제 계급은 존재하지 않는다.

이슬람의 팽창

무함마드의 죽음과 함께 신생 공동체는 여러 어려움에 직면했다. 예언자의 지위는 이제 존재하지 않았다. 계시에 따르면(수라 33/40) 무함마드는 '(예언자들의) 봉인'으로서 마지막 예언자였기 때문이었다. 그의 후계자[할리파](칼리프)가 무함마드로부터 물려받은 것은 예배와 전쟁에서 공동체를 이끄는 일과 계시에 따라 판결을 하는 일뿐이었다. 움마[공동체]는 신자들로 구성되며, 전승 자료가 말하듯이 무함마드와의 관계로 인해 특별히 하느님의 보호를 받는다. 최후 심판의 날 (무구한 예수를 포함하여) 다른 모든 사람들이 "나프시 나프시"[저를, 저를 (구해 주소서)]라고 소리칠 때, 무함마드는 "움마티 움마티"[저의 공동체를, 저의 공동체를 (구해 주소서)]라고 외치면서 자신의 공동체를 위한 샤피[중재자]로 나서리라는 것이다. 이는 이슬람 역사를 통해 줄곧 무슬림들을 위로한 사상이다.

무함마드가 세상을 떠난 직후 자유분방한 베두인들은 예전의 자유를 되찾고자 반란을 일으켰다. 그들은 특히 이슬람의 조세제도에 불만을 품고 있었다. 예언자의 부인 아이샤의 아버지이자 예언자의 첫번째 후계자인 아부 바크르는 그들을 진압할 수 있었다. 아부 바크르의 짧은 재임 기간(632~634) 동안 무슬림군은 이라크와 팔레스타인 남부까지 진출했다. 이 모험적인 사업은 — 전승 자료가 전하는 바 — 628년 예언자가 비잔틴과 이란 그리고 이집트의 군주들에게 각각 서한을 보내 이슬람에 귀의할 것을 요청한 사실과 관련시켜 이해될 수 있을 것이다. 무함마드의 후계자들에 의해 추진된 정복사업은 이렇게 시작되었고, 곧 아부 바크르의 대를 이은 불굴의 우마르 이븐 알-하탑(634~644) 하에서 그들은 눈부신 성공을 거둘 수 있었다. 다마스커스가 정복된 것은 635년이었다. 이어 639년과 644년 사이에 이집트가 함락되었고, 페르시아의 대부분도 640년부터 644년 사이에 그들 수중에 들어갔다.

우마르가 644년 자객의 손에 피살된 뒤, 그의 보위를 이은 우스만 이븐 아판(644~656)은 동서로 정복사업을 계속했다. 이제 유서 깊은 메카의 귀족가문인 우마이야 가家 출신들이 정치 일선에 다시 등장했는데(우스만은 우마이야 출신이었다), 우마이야 가는 본래 무함마드를 탄압하는 데 앞장선 가문 중 하나였다. 새로운 정부에 불만을 품은 세력 중 일부가 우스만에게 반기를 들었고, 그 와중에 그는 656년 쿠란을 읽고 있던 중 암살당했다. 쿠란의 편집이 완결된 것은 바로 그의 치적이었다. 우스만의 뒤를 이은 인물은 무함마드의 백부 아부 탈립의 아들이자 예언자의 막내딸 파티마의 남편인 알리였다. 그러나 그는 우마이야 가의 무아위야와 패권을 놓고 싸우지 않으면 안되었다. 657년, 시핀 전투에서 무아위야는 알리에게 전투를 멈추고 문제를 평화적으로 해결하자고 제의했다. 승리를 목전에 두고 알리가 그 안을 받아들이자 그를 따르던 무슬림들 중 일파가 이에 격분하여 진영을 떠났다(이들은 하와리즈파〔이탈자들〕라고 불린다). 661년, 알리는 하와리즈파에 속한 한 무슬림에 의해 암살당했다. 그의 예기치 않은 죽음으로 이슬람 세계의 패권은 무아위야에게 돌아갔다.

무아위야와 더불어 아랍적인 통치술과 기사도 정신이 주도하는 우마이야 왕조가 세워졌다. 우마이야조의 통치자들은 시리아에 거주했으므로 메디나는 이제 정치 일선에서 물러났거나 정계를 멀리하고자 했던 독실한 신자들이 모이는 도시가 되었다. 우마이야조 하에서 무슬림군은 691년 대서양 해안까지 진출했다. 그들은 비잔틴 제국과 국경을 접하게 되었고, 이어 711년에는 지브랄타〔자발 타리크(타리크의 산)〕[1] 해협을 건넜다. 같은 해 그들은 트란스옥시아나 지방과 (오늘날 파키스탄 남부인) 인더스 계곡 하구 신드 지방을 정복했다.

680년, 무아위야의 아들 야지드가 즉위하자 당시 50대 후반에 이른 알리의 둘째 아들 후세인이 다시 패권에 도전하려 했다. 무엇보다도 그는 예언자의 정통성 있는 손자가 아닌가? 할리파 자리의 계승권을 빼앗긴 그의 형 하산은 이미 십여 년

---

[1] 지브랄타라는 명칭은 이 '산'(Jabal)에 타리크(Tāriq) 장군이 올랐다는 사실에서 유래한다.

전 (십중팔구 독살에 의해) 죽고 없었다. 이슬람력으로 정월에 해당하는 무하람 10일, 후세인과 그의 가족을 비롯한 추종자들은 이라크 남부의 카르발라 전투에서 살해되었다. 쉬아파 무슬림 사회에서는 오늘에 이르기까지 그의 기일을 추모하고 있다. 그가 당한 수난은 수백 명의 독실한 시인들의 영감을 불러일으켜, 특히 페르시아어와 우르두어로 된 심금을 울리는 비가悲歌〔마르티야〕들을 낳았다. 쉬아 무슬림들이 거주하는 이란이나 인도의 도시에서 사람들이 자신의 몸을 채찍질하며 행진하는 추모행렬은 낯설지 않은 장면이다. 이란에서는 '수난극'이 정기적으로 공연되고 있다. 쉬아 무슬림들의 가슴속에 신앙심을 불러일으키고 또 그것을 타오르게 하는 주제는 바로 이 비애감이며, 또 그토록 많은 사람들이 '신앙의 적'을 무찌르기 위해 열광적으로 자원하는 등, 최근 이란에서 발생한 일련의 사건은 이슬람 순교자의 전형인 후세인을 향한 이 충정의 정서를 통해서만 이해될 수 있을 것이다. 우마이야 정권에 대항한 후세인의 투쟁은 문학작품이나 민중신앙에서 압제자로부터, 그리고 후에는 (특히 영국령의 인도에서는) 신자들을 억압하는 외세로부터의 자유와 해방에 대한 무슬림들의 염원을 대변하는 것으로 간주되었다.

    같은 시기 메카에도 할리파 도전자가 나타났다. 무함마드의 저명한 동료였던 주바이르의 아들 압둘라(684 사망)가 우마이야조에 반기를 든 것이다. 알리의 당파〔쉬아트 알리〕가 가장 강력한 정치세력을 형성하고 있던 이라크에서도 새로운 교리들이 자라고 있었다. 지금은 숨겨진 세상에서 살고 있는 몇몇 알리 가문의 인물들이 장차 돌아올 것이라는 사상이 출현하여 이후 여러 세기에 걸쳐 신학이나 민중의 신앙심 속에서 거대한 사변덩어리로 성장했던 것이다. 아랍 정복자들과 마왈리들(무슬림 공동체의 온전한 구성원이 되기 위해 일종의 가솔로서 아랍 부족에 몸을 의탁했던 [비아랍계 무슬림]) 사이에 알력이 싹튼 곳 역시 이라크였다. 쿠란에 의해 보장된 신자들 사이의 완전한 평등을 마왈리들이 요구하고 나섰기 때문이다.

이들 다양한 조류는 하나의 정치적 운동을 형성했고, 이 운동의 주동자들은 할리파위가 오직 무함마드의 가문 사람들에게만 국한되어야 한다고 주장했다. 이라크, 이란 지방의 친알리 정서를 교묘히 이용하여 혁명을 성사시킨 이 운동의 주동자들은 보위를 예언자의 삼촌인 압바스의 한 후손에게 넘김으로써(749) 알리 가문의 추종자들을 또다시 실망시켰다.

우마이야 가문의 마지막 생존자는 멀리 스페인의 안달루시아 지방으로 도주했다. 그는 756년 그곳에서 왕국을 세워 예술과 시문학 분야에서 정교하고 찬란한 아랍 문명을 꽃피웠다. 스페인의 우마이야 왕국은 압두르 라흐만 3세 재임시(912~961)에 그 전성기를 맞았다. 1031년까지 지속된 이 전성기 중에는 무슬림, 그리스도인 그리고 유대인들 사이에 유래를 찾기 힘든 문화적 협력이 이루어졌다. 그후 나라는 수많은 소왕국으로 분열되었고, 이어 북아프리카로부터 — 알모라비드조(1056~1147)와 알모하드조(1147~1269)의 — 베르베르족들이 이베리아 반도로 진출, 이곳을 지배했다. 한편에서는 스페인 재탈환을 위한 운동이 세력을 키워가고 있었다. 1492년까지 이곳에 존속할 수 있었던 유일한 무슬림 왕국은 그라나다를 중심으로 한 바누 아흐마르 왕국이었다. 알함브라 궁전은 무슬림들이 스페인 땅에 남긴 아랍 예술의 마지막 작품이었다.

우마이야조를 이은 압바스 할리파조의 통치자들은 자신의 전임자들보다 종교적 율법에 더 충실하다는 사실을 내보이려 노력했다. 더욱 중요한 사실은 우마이야조에 의해 통치된 제국의 성격이 아랍적이었다면, 이들은 이슬람적인 제국을 지향했다는 점일 것이다. 756년, 수도가 다마스커스에서 바그다드로 이전되면서 모든 분야에 페르시아 문명의 영향이 침투하기 시작했고, 9세기말에 이르러 할리파들의 권력이 쇠퇴하게 되자 중앙아시아로부터 유입된 터키 출신의 용병과 전쟁 노예〔맘룩〕들이 정부를 보호하게 되었으며, 마침내 그들은 각기 자신의 왕국을 세우게 되었다.

바그다드의 전성기는 천일야화로 잘 알려진 하룬 알 라쉬드의(786~809) 재임시였다. 하룬의 둘째 아들 마문(813~833)은 그리스 철학서와 과학 서적의 번역 사업을 적극 장려했다. 이 번역 사업은 이슬람 학문의 발달에 기여했고, 아랍의 기여로 더욱 풍부해진 학문적 유산은 후에 유럽으로 이전되었다. 중세 스페인 번역사들의 소개로 이 유산이 유럽의 과학과 의학의 발달을 도왔던 것이다.

그로부터 얼마 안되어 압바스 제국의 변방을 지키던 지방 영주들이 차츰 독립하기 시작했다. 그들은 할리파가 공식적으로 수여한 봉토라는 명분으로 각각 통치 지역을 차지했다. '술탄'이라는 칭호를 처음(932) 사용한 통치자는 페르시아계 쉬아파 왕조인 부이조를 건국한 무이즈 앗-다울라였다. 945년, 부이조는 바그다드의 실질적 통치권을 장악했다. 할리파는 이제 다만 상징적 존재로만 명맥을 유지할 수 있었다.

이집트에서는 두 개의 터키계 왕조가 각각 압바스 가家의 지지자가 되었다. 그러나 이들은 북아프리카를 거점으로 하여 카이로에 세워진 쉬아파의 파티미조에 의해 969년 멸망했다.

한편 동쪽에서는 터키계 술탄, 가즈나의 마흐무드가 자신의 세력을 인도 아대륙亞大陸으로 확장했다. 1026년, 라호르는 인도 가즈나 왕조의 수도가 되었다. 이때부터 문학을 비롯한 페르시아 문명이 이 대륙에 그 풍요로운 씨를 뿌려 동으로는 벵갈 지역, 그리고 남으로는 데칸 지역으로 뻗어나갔다. 가즈나 왕조가 건국되기 얼마 전, 오늘날의 아프가니스탄에 해당하는 호라산 지방에서는 사마니드조의 왕실에서 지원해 준 문학적 후원에 힘입어 페르시아어가 문학어로서 신기원을 맞았다. 비록 아랍어가 이슬람 세계의 신학 용어로서 그 지위를 유지했지만, 발칸 반도에서부터 벵갈만에 이르기까지 주로 페르시아어가 의사소통의 수단으로 통용된 것이다. 이와 더불어 후에는 터키어도 중요한 언어로 자리잡았으며 인도의 다양한 지방 언어들도 점차 꽃을 피우기 시작했다.

마흐무드와 그의 후임자들이 자신의 제국을 안정시키는 동안 또 다른 터키계 부족이 중앙아시아로부터 이란과 이라크 지방으로 진출, 1055년 셀주크족의 영주 투그룰 벡은 쇠퇴한 압바스 할리파의 수호자로 군림하게 되었다. 철저한 순니 무슬림인 셀주크 왕조는 곧 근동에서 가장 중요한 제국으로 성장했고 이슬람 예술의 발전에도 크게 기여했다. 1071년, 이들은 비잔틴군을 대파함으로써 무슬림들이 아나톨리아 지방으로 진출할 길을 열었다. 에르제룸, 시바스, 카이세리 그리고 수도 콘야 등지에 룸 셀주크조와 그들의 영주들이 세운 웅장한 모스크〔사원〕와 마드라사〔신학교〕와 모솔레움〔영묘〕들은 오늘날까지 남아 당시의 번영을 말해주고 있다. 그들의 영토는 아나톨리아 남부 해안 지방까지 뻗어 있었다.

찬란했던 이슬람 문명은 1220년 중앙아시아에서 시작한 몽골군의 침략으로 대부분 파괴되었고 압바스 제국도 그 앞에 굴복했다. 마지막 할리파는 1258년 목숨을 잃었고 바그다드는 대부분 파괴되었다. 몽골의 압력으로 아나톨리아의 룸 셀주크 제국은 산산조각이 났다. 수많은 독립적인 지방 제후들 중에서 지도적 세력으로 등장한 것은 오스만 가문이었다. 제2대 통치자 오르한(1359경 사망) 재임시인 1326년 이들은 부르사를 정복했다. 아나톨리아 북서쪽에 위치한 이 도시는 신생 오스만 제국의 첫번째 문화적 중심지가 되었다. 1389년에 있은 유고슬라비아 코소바 전투 이후 발칸 반도의 대부분은 오스만의 지배하에 들어갔고, 에디르네〔아드리아노플〕가 새로운 수도가 되었다. 1453년 5월 29일, 콘스탄티노플이 함락됨으로써 곧 이스탄불로 이름을 바꾼 이 도시는 제국의 심장이 되었다. "그들은 콘스탄티노플을 정복할 것이다 — 그 대업을 이루는 민족과 군대 만세!"라고 예언자가 말하지 않았던가.

몽골의 지배는 이란, 이라크 지역의 정치 판도에 새로운 자극을 주었다. 몽골인 통치자 중 약간명은 1300년경 이슬람으로 개종했다. 이 지역은 1258년 훨씬 전부터 이미 할리파의 통제력이 사라졌음에도 불구하고 오랫동안 힘의 공백상태로 남아 있었다. 몽골 침략 이후 다수의 소공국이 이란에 출현했다. 그 중 많은 지역은 중앙아시아 출신의 터키계 정복자 티무르〔태멀레인〕(1405 사망)에게 정복당했다. 티무르는 북서부 인도로도 진출하여 1398년 델리를 정복했고, 아나톨리아 지방으로 진출해서는 1402년 그 중앙에 위치한 앙카라를 수중에 넣었다. 비록 매우 잔인한 위인이긴 했지만 티무르는 예술과 문학에 관심을 기울이는 섬세함을 보여, 가는 곳마다 뛰어난 장인들을 차출해 수도 사마르칸드를 아름다운 건물로 장식했다. 그의 후손, 특히 인도 동부를 통치한 군주들 역시 예술을 적극 장려했다. 세밀화細密畵와 더불어 서예는 15세기 후반 헤라트에서 절정에 달했고 시작詩作도 활발했다.

눈을 다시 이집트로 돌리면, 쉬아 이스마일파에 의해 창건된 파티미조는 200년간의 통치를 끝으로 순니파에 속하는 쿠르드족의 아유비조(1171~1249)에 의해 대체되었다. 이 왕조에서 가장 탁월했던 통치자는 십자군에게 보여준 당당하고 의로운 행위로 유럽에도 널리 알려진 살라딘(1171~1193 재위)이었다. 1250년, 아유비조 마지막 왕의 미망인이 터키 출신의 총사령관과 결혼을 함으로써 이집트는 맘룩 왕들을 새로운 통치자로 맞게 되었다. 1260년, 시리아의 아인 잘루트에서 몽골군을 격퇴시킨 사람은 바로 용맹스런 맘룩 술탄 바이바르스(1277 사망)였다. 맘룩 왕국 시대의 전반기에 해당하는 1382년까지 술탄의 보위는 주로 세습제였으나 그 이후에는 선거를 통해 선출되었다. 통치자는 우선 러시아 남부나 키프차크 초원, 혹은 코카서스 지방으로부터 수입되어 온 노예 출신의 군인이어야 했으며, 이들 중 한 명이 복잡하고 긴 절차를 거쳐 최고의 지위에 올랐다. 이집트와 시리아, 그리고 메카와 메디나 성역을 통치한 맘룩국은[2] 거대한 규모의 건축사업으로 명성을 얻었다. 그러나 1516년 '불굴不屈의 셀림'(1512~1520 재위)이 이끈 오스만 군은 알레포 북부 마르즈 다비크 근처에서 이집트 군을 격파했으며, 이와 함께 맘룩의 통치도 종지부를 찍었다.

이어 오스만의 세력은 '비옥한 초승달'[3] 지역과 신성한 두 도시를 수중에 넣었다. 셀림의 후계자인 '영광의 술레이만'(1520~1566 재위)은 서쪽으로 더 뻗어나가 1529년에는 비엔나를 포위하기까지 했다. 건축의 거장 시난이 제국의 수도와 에디르네에 웅장한 모스크를 지은 것도 술레이만 치세의 일이다.

오스만 제국의 동쪽에서는 이란을 중심으로 활약하던 쉬아파 운동들이 15세기에서 16세기로 넘어가는 시기에 다시 그 힘을 모으고 있었다. 1501년, 약관 14세의 샤 이스마일(1501~1524 재위)이 보위에 오르면서 이란에는 쉬아파를 국교로 정한 사파위조가 수립되었다. 서쪽으로는 순니파를 신봉하던 오스만 제국과 동쪽으로는 (비록 시간이 지남에 따라 쉬아파에 속한 통치자들이 더욱 유명해졌지만) 순니파가 압도적이던

---

[2] Mamluk: 맘룩(노예)들이 통치했다 하여 맘룩국이라고 한다. 이들은 청소년기에 팔려와 각종 엘리트 교육을 받으며 술탄에게 절대 복종하는 정예군으로 성장했다. 그러므로 비록 출신 성분은 노예였으나 실질적으로는 고급 군사교육을 받은 무신(武臣)들이었다.

[3] Fertile Crescent: 유프라테스 강과 티그리스 강을 중심으로 팔레스타인으로부터 페르시아 만까지 형성되어 있는 초승달 모양의 비옥한 지역을 일컫는 말.

무갈 제국 사이에서 쉬아파 무슬림들이 쐐기 역할을 했던 것이다. 이러한 종교·정치적인 상황은 특히 근자에 있어서 이란의 역할을 설명하는 데 도움을 준다. 쉬아파 이슬람이 국교로 인정된 곳이 이란 외에는 어디에도 없기 때문이다.

오스만 제국이 세력을 확장해 가고, 이란이 쉬아국으로 자리를 잡아 가고, 또 다른 한편 티무르의 후예들이 이란 동부에 대한 지배력을 잃어 갈 즈음, 파르가나 출신으로서 티무르 가문의 또 하나의 인물 바부르(1526~1530 재위)는 인도 북서부에 강력한 제국을 세웠다. 1000년경 가즈나조의 마흐무드가 발을 들여놓은 이래, 이 아대륙에는 수많은 제후국이 흥망성쇠를 반복하며 영토를 벵갈과 데칸 지방으로 확장했다. 1526년, 바부르는 델리의 지배자 로디 가문을 물리치고 이후 3세기 이상을 버티게 되는 무갈 대제국을 건설했다. 바부르의 아들 후마윤은 한때 이란의 사파위 조정으로 몸을 피해야 했으나 다시 고국으로 복귀하여 막 제국의 기반을 다지기 시작할 즈음 그만 사고로 목숨을 잃었다. 제국의 기틀을 완전히 다진 인물은 후마윤의 아들 아크바르(1556~1605 재위)였다. 특히 그가 힌두교도와 그리스도인, 그리고 파르시교인[4]에게 보여 준 관용과 관심과 협조는 비록 인도 이슬람 역사 전체에 걸친 것은 아닐지라도 돋보이는 것이었다. 또한 그와 그의 후손들이 예술, 특히 건축과 세밀화에 쏟은 관심은 이슬람 예술에 새로운 자극을 주었다.

---

[4] Parsees: 무슬림들의 박해를 피해 8세기경 이란에서 인도로 피신한 조로아스터교인의 후손들.

아크바르의 아들 자항기르와 손자 샤 자한도 어느 정도 그의 관용 정신을 따랐다. 샤 자한의 아들 다라 쉬코흐는 신비주의와 힌두교의 종교적 체계에 대한 관심으로 이름을 남겼다. 그는 산스크리트어로 된 50권의 「우파니샤드」를 페르시아어로 옮기는 작업도 시도했다. 정교하기 그지없는 인도 북부의 건축물들은 샤 자한의 부인 영묘인 유명한 타지마할처럼 무갈시대 초기, 즉 1560년부터 1660년 사이에 지었다. 이렇게 찬란했던 시대는 1659년 다라 쉬코흐가 동생인 아우랑젭의 손에 처형당하면서 막을 내렸다. 아우랑젭은 무갈 제국의 영토를 확장하기 위해 데칸 지방으로 진출을 꾀했으나 실패했다. 당시 이 지방에서는 비자푸르와 골콘다 왕국들이 2세기 이상 문학과 예술의 중심으로 자리를 굳히면서 세련된 이슬람 문화를 자랑하고 있었다. 아우랑젭은 1707년 90에 가까운 고령으로 세상을 떠났다. 쇠약해진 제국은 자국 내 각종 당파와 갖가지 침략자들의 노리갯감으로 전락하게 되었다. 1739년에는 페르시아의 나디르 샤가 델리를 약탈해 갔고, 아프간 지방 통치자 아흐마드 샤 두라니(1747~1773 재위)는 인도의 북서부 지역으로 여러 차례 군사 원정을 다녀갔다. 정치적으로 눈뜨기 시작한 힌두교도(특히 마흐라타파派)와 시크교도, 그리고 무엇보다도 1757년 이래 꾸준히 진행된 영국 동인도회사의 팽창은 마침내 무갈 제국의 정치적 도산이라는 결과를 초래했다. 1857년, 소위 뮤터니라는 군사 폭동이 실패로 끝난 후 영국 황실은 몇몇 공국을 제외한 인도 전역을 장악했다. 무갈 제국의 마지막 황제는 망명생활중 랑군에서 세상을 떠났다.

이슬람은 정치적 쇠퇴기에도 꾸준히 인도와 인도네시아 전역으로 퍼져나갔다. 오늘날 전세계 무슬림들의 거의 반이 이 지역에 거주하고 있다. 식민지 종주국의 활동을 통해 보고 들은 근대적인 삶의 방식을 혹 수용하거나 혹 저항하는 데 있어 동료 무슬림들을 돕겠다고 나선 최초의 근대화 운동들이 19세기에 출현한 것은 바로 인도 아대륙이었다. 중앙아시아와 중국에도 대단히 활동적이고 독실한 무슬림들이 있으며, 아프리카 대륙의 동부와 서부 지역에서도 이슬람이 꾸준히 성장하고 있다는 사실도 간과하지 말아야 할 것이다. 서구에서도 무슬림들의 숫자가 증가하고 있다는 점 역시 언급을 요한다.

이슬람 세계의 정치적 약화, 그리고 인도 항로가 개설된 이래 이루어진 유럽 세력의 급속한 성장으로 많은 주요 지역을 상실하게 된 결과 17세기말 이래 무슬림들 사이에는 일종의 정체 현상이 역력했다. 서구의 오리엔트학 학자들이 흔히 등한시하는 시기인 18세기에 들어서면서 쿠란과 이슬람에 대한 새로운 해석과 더불어 서구를 의식하여 자기 자신의 정체성을 찾으려는 움직임이 이슬람 세계 곳곳에서 처음으로 그 싹을 보이기 시작했다. 19세기에 이르러 몇몇 이슬람 민족은 힌층 주체적인 입장을 견지하게 되었고 급변하는 세계 속에서 무슬림으로서의 자신의 역할을 정립하려는 노력을 했다. 한편 유럽인들에 의해 중근동 지역에 접종된 민족주의는 1차 세계대전 이후 본격적으로 그 힘을 과시하기 시작했다. 오스만 제국을 해체시키려는 시도 속에서 발생한 중동 지역의 분열은 민족주의의 성장을 도왔다. 그 명칭 속에 이슬람을 운운하든 하지 않든 아무튼 그 결과 다수의 독립국가들이 탄생했다. 이들의 성격을 보면 파키스탄 이슬람 공화국에서부터, 많은 사람들이 여전히 자신을 독실하기 그지없는 무슬림으로 느끼고 있음에도 불구하고 헌법의 기초로서 완전한 세속주의laicism를 표방하는 터키에 이르기까지 다양하다. 터키인들의 성격을 잘 아는 사람들에게는 최근 다른 나라에서와 마찬가지로 터키에서도 근본주의자들의 움직임이 고개를 들고 있다는 사실은 그리 놀랄 일이 아니다. 세속주의 경향과 근본주의 경향 사이에 항상 있게 마련인 긴장을 가장 뚜렷하게 느낄 수 있는 곳은 아마 이곳일 것이다.

쿠란과 그 가르침

이슬람의 근본은 쿠란[낭송, 복창]이다. 독실한 무슬림에게 쿠란은 예언자의 말이 아니라 하느님의 말씀 그 자체이다. 무함마드는 다만 '분명한 아랍어로' 그것을 전달한 매체였을 따름이다. 그러므로 쿠란 인용문은 "칼라 타알라"[그분이 — 그분께 찬양을 — 말씀하시길] 혹은 이와 유사한 표현과 함께 소개된다. 이 책은 하늘나라에 '잘 보존되어 있는 서판'에 담겨 있는 쿠란의 원본이 드러난 것으로 '오직 정결한 자만이' 만지거나 낭송할 수 있다. 대부분의 비아랍계 무슬림들처럼 비록 글의 내용은 이해하지 못할지라도 쿠란을 낭송하는 것은 무슬림들에게 가장 고상하고 바람직한 행위이다. 쿠란은 하느님의 말씀 그 자체이므로 무슬림들에게는 이것을 다른 언어로 '번역'한다는 것이 생각조차 할 수 없는 일이다. 설사 번역을 한다 해도 그것은 단지 그 책의 의미에 대한 설명, 즉 여러 해석 중 하나일 따름이다. 최근에 나온 한 영문 번역을 '성스러운 쿠란의 의미'라고 이름지은 이유도 여기에 있다. 단지 의미를 전하려는 노력의 일환일 뿐, 모든 번역이 그러하듯, 이 성서의 분위기를 전하는 데는 역부족인 것이다.

이슬람 교리에 의하면 쿠란의 문체는 모방이 불가능하고, 그 속에 담긴 힘과 아름다움은 어떠한 사람도 흉내낼 수가 없다. 그것은 이 세상의 모든 문제에 대한 해답을 제공하고 있을 뿐 아니라, 문장의 배열이나 문자 하나하나의 배치에 있어서조차 신성하고도 불가사의한 신비가 숨겨져 있다.

진정한 의미에서의 쿠란 번역이 어떠한 서구 언어로도 이루어지지 않았고 또 있을 수도 없으므로, 흔히 '고귀한', '영광스러운', '순수한' 등의 수식어와 함께 언급되는 이 책의 중요성과 위대성에 대해 왜 그토록 많은 무슬림이 절대적인 확신을 갖고 있는지, 그에 대한 지식이 없는 일반 독자는 이해하기가 쉽지 않을 것이다. 쿠란을 낭독할 때, 혹은 그 속에 적힌 글자를 볼 때, 혹은 단순히 그 책을 만지기만 해도 무슬림들의 심금이 그토록 깊숙히 울리는 것은 무엇 때문일까? 괴테는 「디반에 대한 메모와 소고」에서 이렇게 적고 있다. "쿠란의 문체는 그 내용이나 지향하는 목적에 상응하여 장엄하고 엄숙하며, 또 어떤 부분에 있어서는 참으로 숭고하다."

이 말은 특히 초기에 계시된 글에 잘 들어맞는다. 번역의 문제 외에도 비무슬림 독자들이 부딪치게 되는 하나의 어려움은 쿠란의 편집이 시대순에 따라 이루어지지 않았다는 점이다. 할리파 우스만 시절, 이 성전聖典이 한 권의 책으로 엮어지는 과정에서 각 장[수라]은 그 길이에 따라 배열되었다. 주로 임박한 심판의 날에 대한 경고를 그 내용으로 하는 초기의 단편적 계시들이 쿠란의 뒷부분에 수록된 것은 이때문이다. 단지 하나의 짧은 기도문만 일종의 서문으로 채택되어 맨 앞에 배치되었다. 파티하[개장開章]라고 불리는 이 장은 보통 그리스도교의 주기도문처럼 사용되고 있는데, 낭송되는 횟수는 아마도 그보다 훨씬 더 빈번할 것이다.

> 세상의 주이신 하느님께 찬양 올리나이다.
> 자비롭고 자애로우신 분,
> 심판의 날을 주관하시는 분,
> 저희들은 당신께 예배 드리오며
> 당신의 도우심을 구하나이다.
> 저희들을 올바른 길로 인도해 주소서.
> 당신이 축복을 내린 사람들이 간 그 길로,
> 방황하는 사람들,
> 당신의 노여움을 산 사람들이 간 길이 아니라.

수라 112는 하느님의 유일성을 주제로 하고 있으며, 이어 악으로부터의 보호를 구하는 두 개의 짧은 기도문이 그 뒤를 따르고 있다. 총 114개의 수라에는 (소, 별, 질주자 등) 각각 짧은 표제가 붙어 있다. 표제는 원문에 속하지 않으며 대체로 본문의 내용 중에서 대표적인 단어로 되어 있다. 몇몇의 수라 초입에는 (하-밈, 타-신 등) 그 의미가 미궁에 싸인 문자들이

적혀 있다. 어떤 수라, 또는 단 한 개의 소절이라도 낭송하고
자 하는 사람은 먼저 저주받은 사탄으로부터 보호받기 위한
주문과 바스말라를 낭송해야 한다. 바스말라는 "비스밀라힐-
라흐마닐-라힘"〔자비롭고 자애로운 하느님의 이름으로〕이라는
말로 되어 있다. 이것은 아홉번째 수라를 제외한 모든 수라
앞에 놓여 있는 말이기도 하다. 그래서 우르두어로 '비스밀라
카르나'는 단순히 '시작하기'를 의미하기도 한다. 같은 맥락
에서 터키어로 '하디 비스밀라'는 '시작하자'라는 의미이다.
파티하와 몇몇 짧은 수라는 매일매일의 예배 때 낭송된다. 어
떤 수라는 각별한 영험〔바라카〕이 있다고 여겨지는데, 수라
36(야신)은 그런 이유에서 보통 죽어가는 사람이나 죽은 사람
을 위해 낭송된다. 어떤 구절은 건물을 장식하거나 예술적인
서판의 제작, 혹은 부적을 만드는 데 사용되기도 한다. 가장
유명한 구절은 이른바 권좌權座의 절(수라 2/255)로서, 이 구절은
건물의 벽이나 무기, 천이나 타일, 마노석이나 벽에 걸어놓은
수예품 속에 흔히 새겨져 있는 것을 볼 수 있다. 이 글이 지
닌 아름다움과 수호의 힘 때문이다.

  하느님, 그분 외에는 다른 하느님이 없느니라. 살아 계시는
  분, (누구의 도움도 필요없이) 스스로 계시는 분. 졸음도 잠
  도 그분을 엄습하지 못하느니라. 하늘과 땅에 있는 모든 것이
  그분에게 속해 있느니라. 그분의 허락이 없는 한, 누가 있어
  (심판의 날 죄인들을) 변호하겠다고 나서겠느냐? 그분은 그들
  앞에 있는 것과 그들 뒤에 있는 것을 (모두) 알고 계시느니

라. 그러나 그들은 그분이 뜻하시(어 알도록 허락하시)는 것 외에는 아무것도 모르느니라. 그분의 권좌는 하늘과 땅에 두루 미치느니라. 그것을 지키는 데 있어서 그분은 지치는 법이 없느니라. 그분은 위대하시고 강력하신 분이시니라.

각각의 쿠란 구절은 아야트[징표, 기적]라고 불린다. 무함마드의 적들이 그에게 예언자임을 증명하는 기적을 보여달라고 요구했을 때, 무함마드가 이들 구절을 하느님의 징표로서 내놓았기 때문이다. 몇몇 구절은 차후의 계시에 의해 그 효력이 소멸되었다(술의 사용과 관련된 지시의 경우가 여기에 속한다). 그러나 그러한 구절도 본문 속에 보존되었다. 이때문에 서로 모순이 되는 것처럼 보이는 경우가 있는데, 이는 주석가들이 풀어야 할 문제이다.

쿠란 속에는 인간 존재의 위상이 여러 차례 설명, 더 정확하게는 언급되어 있다. 한편으로 인간은 그 어떤 영들이나 천사보다도 우월한 존재이다. 하느님이 '당신의 숨결로부터' (생명의) 입김을 아담에게 불어넣었고(수라 15/29; 38/72), 그를 지상에서 자신의 대리지[할리파]로 삼고자 했으며, 천사들로 하여금 그에게 절을 올리도록 명했기 때문이다. 아담에게 절하기를 거부하며 ― 아담이 흙에서 창조된 반면, 자신은 불에서 창조되었으므로 ― "제가 그보다 낫습니다"라고 주장한 사탄은 저주를 받았다. 모종의 과일을 먹음으로 말미암아 저질러진 인류 최초의 죄는 그리스도교의 원죄설에서와는 달리 유전되지 않았으며, 유혹에 넘어간 죄가 이브에게만 있었던 것도 아니었다. 인간은 선천적으로 선하나 환경의 영향으로 변하게 된다. 인간과 하느님 사이의 절대적인 유대관계는 수라 7/171의 멋진 문장 속에 상징적으로 묘사되어 있다. 세상이 창조되기 이전, 하느님은 아담의 허리 부위에서 잠시 인류를 불러내 "알라스투 비-랍비쿰"(내가 너희들의 주가 아니더냐?)이라고 물었다. 그들은 "예, 저희가 그 사실을 증언하나이다"라고 답했다. 이 대답을 통해 전 인류가 하느님의 명령에 기꺼이 복종할 것과 향후 그분의 모든 계명을 따를 것을 밝혔으며, 또한 이로 말미암아 그들은 심판의 날에 그분의 명령에 대해 아는 바가 없다는 변명을 할 수가 없게 된 것이다. 비록 어떤 학파에서는 이를 조금 달리 해석하기는 하지만, 쿠란의 이 선언은 신비적인 명상이나 시작詩作에서 즐겨 되새기는 주제가 되었다. "하느님은 아담의 자녀들을 영예롭게 하셨느니라"(수라 17/70). 더 나아가 그분이 아마나(신탁信託)를 맡긴 것도 인간이었다. 그분은 하늘과 땅에도 신탁을 맡기려 했으나 그들은 그것을 마다했다. 그러나 인간은 자신의 무지와 유약함에도 불구하고 아마나를 받겠다고 했다(수라 33/72). 이 '신탁'이 과연 무엇을 의미하는지, 그것이 복종인지, 신앙인지, 책임인지, 사랑인지, 개인의 개체성인지, 아니면 영혼의 불멸성인지에 대해 학자들은 의견의 일치를 보지 못하고 있다.

인간은 하느님이 '지평선 안(즉, 이 세상)과 자신들 속에' (수라 41/53) 놓아둔 징표를 보며 그에 대해 숙고해야 한다고 쿠란은 말하고 있다. 이는 역사와 자연을 잘 관찰해 보라는 말이다. 인간의 마음과 영혼도 인간을 더 깊은 종교적 이해로 인도할 수 있다. 역사와 자연이 주는 교훈과 경고가 올바른 길을 찾는 데 도움을 줄 것이다. 이러한 통찰이 인간 자신의 삶에 적용될 수 있다는 것이다.

후기의 수라, 특히 메디나에서 계시된 수라 속에 세상사, 일상사 그리고 정치적인 문제들에 대해 상당한 양의 가르침을 포함하고 있는 쿠란은 수세기에 걸쳐, 그리고 지금도 여전히 이슬람 학문의 거의 전 분야에 걸쳐 중심이자 초석이 되고 있다. 무슬림들은 쿠란의 숭고한 언어에 매료되어 문법과 수사학에 대한 연구를 하게 되었다. 이는 특히 점점 더 많은 수의 비아랍계 사람들이 이슬람의 울타리 속으로 들어오게 되고, 이들이 계시의 언어가 지니고 있는 독창성에 대해 배우지 않으면 안되게 되면서 촉진되었다. 이 경전은 번역이 될 수 없다는 믿음은 이슬람을 받아들인 사람들로 하여금 아랍어, 혹은 최소한 아랍 문자를 읽을 수 있기 위해서만이라도 공부를 하게 했다. 이것은 페르시아인이나 터키인들에게뿐 아니라 인도, 중앙아시아, 아프리카 지역의 이슬람 언어들과 문학에도 엄청난 영향을 미쳤다. 쿠란의 구절이나 표현방식이 문학작품에서와 마찬가지로 일상적인 대화에서, 그것도 비아랍세 주민들 사이에서도 사용되었다. 그러나 무슬림이 아닌 사람들은 그 미묘한 의미를 놓치기 일쑤이다.

무슬림들의 바람은 쿠란을 가능한 한 훌륭하게 낭송하는 것이다. 그리하여 틸라와트[낭송]의 기술이 고도로 발달하게 되었다. 경전을 평이하게 낭독할 때조차도 발음상의 미세한 차이에 유의해야 한다. 쿠란은 일반적으로 그레고리안 성가를 연상시키는 영창조로 낭송된다. 쿠란을 "간직"하고 있는 하피즈, 즉 쿠란을 처음부터 끝까지 모두 암기하고 있는 사람은 대단한 존경을 받는다. 목소리가 뛰어난 소년(소녀)은 경전을 암기하도록 어린 나이에 모스크로 보내진다. 쿠란은 그 신성한 성격이 드러나도록 하기 위해 아름답게 장정되며 다른 어떤 책도 그 위에 있을 수 없도록 천장 또는 높은 시렁에 매달거나, 아니면 책장 가장 위 선반에 보관한다.

신자들은 다섯 가지 종교적인 의무를 지켜야 한다. '이슬람의 기둥'이 그것이다. 첫째 기둥인 신앙고백[샤하다]은 근본적으로 다른 기둥의 근간을 이룬다. 누구든지 공개적으로 "저는 하느님 외에는 다른 하느님이 없으며, 무함마드는 하느님의 사자임을 증언합니다"[아슈하두 안 라 일라하 일랄라 무함마드 라술 알라]라고 고백하면 그는 이슬람을 받아들인 것이다. 샤하다가 정확하게 이런 형태로 쿠란 속에 있는 것은 아니다. 그러나 이것은 이슬람의 핵심을 요약한 말이다. 처음 몇 세기를 거치는 동안 외부적인 영향이나 사조들이 이슬람을 에워싸게 되는 상황하에서 이슬람의 입장을 정확하게 확립하기 위한 목적에서 이보다 더 세부적인 조항으로 이루어진 신조가 나오게 되었다. 이 확대된 신조는 여러 가지 쿠란 구절에 입각하여, 신자들이 무함마드 이전에 가르침을 베풀었던 예언자들도 받아들여야 한다는 점과 무함마드가 이전의 계시들을 정정하는 최종적인 계시를 가져온 최후의 사자임을 명시하고 있다.

쿠란은 무함마드가 "그대들과 같은 인간으로서 (다만) 그에게는 계시가 전달되었다"라고 말하고 있으나, 기적적인 사건과 관련된 갖가지 암시가 쿠란 속에 있기 때문에 곧 전설적인 일화가 풍성하게 그를 감싸게 되었다(가장 중요한 두 사건은 수라 17/1에 소개된, 그가 한밤중에 예루살렘까지 여행했으며 이어서 하느님의 면전에 이르렀다는 사건과, 수라 54/1의 '달이 쪼개진' 사건이다). 그 외에도 많은 기적이 그와 결부되었고, 신학에서의 그의 지위는 시간이 지남에 따라 완벽한 인간〔알-인산 알-카밀〕의 위치에 이르렀으며, 또 창조의 의미와 목적으로 간주되었다. 이 사상은 쿠란과는 별도로 전해 내려오는 하느님의 말씀 중 "라울라카 라울라카 마 할라크툴-아플라카"〔만약 그대가 아니었더라면 (즉, 무함마드를 위해서가 아니었다면) 나는 이 세상을 창조하지 않았을 것이니라〕라는 말 속에 가장 잘 표현되어 있다. 이슬람이 독자적인 종교라는 사실을 명확하게 밝히는 것은 바로 신앙고백의 후반부라는 점을 무슬림들은 줄곧 강조해 왔다. 하느님의 유일무이성을 고백하는 사람은 많을 수 있다. 그러나 그 실천적인 측면들은 무함마드를 통해서 주어졌다. 성스러운 책에 계시되었듯이 그가 설교한 율법을 따르는 것은 곧 하느님의 뜻을 따르는 것이다.

이슬람의 기둥으로는 신앙고백 외에도 예배, 구휼세, 라마단 중의 단식, 그리고 메카로의 순례가 있다. 이른바 성전〔지하드(직역하면 하느님을 향한 길에서 '전력을 다한다'라는 뜻)〕은 기둥이 된 적이 없다.

예배에 대해서는 조금 뒤에서 다루어질 것이다.

셋째 기둥은 자카트, 구휼세이다. 자카트의 어근 'ㅈㅋㅇ'이 말해주듯이 이는 원래 자신을 정화시킨다는 의미를 지니고

쿠란과 그 가르침 53

있었으며, '하느님에게 해드리는 대부금'으로 간주되었다. 그 액수는 율법에 의해 정확히 산정되어 있다. 수라 9/60에 따르면 이를 통해 걷힌 수입은 가난한 사람들, 도움이 필요한 사람들, 자카트 징수원들, 종교적인 목적을 추구하는 사람들을 장려하는 데, 노예 신분에서 벗어나고자 하는 사람의 몸값으로, 좋은 일을 하려다 가난해진 사람의 빚을 갚는 데, 그리고 끝으로 피 사빌 알라(하느님의 길), 즉 여행중 궁색해진 사람들을 돕는다거나 우물처럼 공익사업을 하는 등의 다양한 목적을 위해서만 사용되어야 한다. 자카트는 최근 파키스탄에서처럼 종교학교를 건립하는 데도 사용된다. 정확하게 시행이 된다면 자카트는 자본주의와 공산주의 양대 이념을 막을 수 있는 수단처럼 보인다. 부유한 사람들로부터 세를 받아 가난한 사람들을 지원하는 데 사용되기만 한다면 말이다. 이것은 (예를 들어, 1938년에 사망한 이크발과 같은) 근대적 무슬림 사상가들의 견해일 뿐 아니라, 루이 마씨뇽이나 케네스 크랙 같은 그리스도교 학자들의 견해이기도 하다.

외부인에게는 가장 어려운 것처럼 보일지도 모르나 단식은 오늘날 가장 엄격하게 지켜지고 있는 의무인 듯하다. (1년이 354일인) 이슬람 음력으로 아홉째 달에 해당하는 라마단 한 달 내내 무슬림들은 식음과 끽연, 방향류의 음미나 성행위, 심지어는 주사를 맞는 것도 낮시간에는 할 수가 없다. 이것은 흰색 실과 검은색 실을 서로 분간해 낼 수 있을 정도로 밝아진 이른 새벽부터 시작해서 해가 완전히 질 때까지 지켜야 한다. 단식을 하는 사람은 이를 지키겠다는 다짐(니야)을 매일

아침 새롭게 해야 한다. 여행자나 노인, 임산부나 유모는 환자와 마찬가지로 단식을 지킬 필요가 없다. 그러나 이들은 다른 날을 택해 모자란 만큼의 단식을 하거나, 아니면 가난한 사람들에게 음식을 제공하는 것과 같은 자선행위를 통해 그것을 면제받아야 한다. 대통령이었던 부르기바 같은 몇몇 근대주의자들은 이처럼 힘든 의무로부터 노동자들을 풀어주기 위해 농업이나 산업 분야에서 하는 노동을 굶주림 내지는 가난과 싸우는 '작은 지하드'로 선언하려는 시도를 했다. 전시에는 단식을 지킬 필요가 없기 때문이다.

이슬람력은 음력인 관계로 라마단 달은 계절과 관계없이 옮겨다닌다. 더위에 아랑곳없이 한 방울의 물도 마실 수 없는 여름에 단식을 지킨다는 것은 대단히 힘든 일이다. 같은 이유로 태양이 거의 18시간, 또는 20시간이나 지지 않는 여름에 단식을 해야 하는 북반구 북부에 거주하는 무슬림들은 그 긴 낮시간 때문에 대단히 고생을 하게 된다. 몇몇 법학적인 견해에 따르면 이 경우 해당 무슬림은 가장 가까이 있는 무슬림 국가에서 — 대부분의 유럽 국가의 경우에는 터키, 지중해 연안국의 경우는 북아프리카에서 — 해가 지는 시점을 낮시간의 끝으로 간주할 수도 있다.

하루의 단식이 끝나면 약간의 물을 마신 뒤, 이보다 이상적으로는 홀수의 대추야자를 취한 뒤 저녁예배를 올린다. 단식을 깨는 저녁식사[이프타르]를 한 다음 독실한 무슬림은 20회, 33회 혹은 그 이상의 예배단위[라크아]로 이루어지는 예배를 올린다(이것은 타라위 예배라고 불린다). 예전에는 라마단의 밤시간을 흥겨운 놀이를 통해 기념하기도 했다. 동트기 직전 보통 간단한 식사를 한다. 터키에서는 평소 예배를 규칙적으로 올리지 않는 사람들도 단식을 지키거나, 아니면 적어도 단 며칠, 특히 쿠란의 첫번째 계시(수라 97 참조)가 내려온 밤인 라일라트 알-카드르 전 며칠간만이라도 단식을 지키려고 노력한다. 무슬림은 라마단 달 하순의 홀수일 중에서 하루를 선택, 그날 밤에 이 사건을 기념하는데 보통 27일에 이루어진다. 사람들은 성스러운 말씀이 인류에게 자신을 드러냈던 이 날 밤, 모든 세상이 빛으로 충만하게 된다고 믿는다. 라마단 달의 영적 축복을 나누어 갖기 위해 마지막 열흘간을 모스크에서 은거하는 사람도 있다. 초승달의 출현은 곧 단식의 종료를 의미하기 때문에 사람들이 크게 기대해 마지않는다. 이드 울-피트르(단식의 종료를 기념하는 축제기간) 중 길거리는 온통 현란하게 치장되고, 사람들은 새 옷을 맞춰 입고 선물을 교환하거나 나누어준다(터키식 표현인 쉐케르 바이라미[사탕축제]는 여기서 연유한다). 비록 비무슬림들에게는 힘든 것처럼 보이지만, 단식의 달은 많은 무슬림 국가가 기쁨으로 넘치는 기간이다. 단식을 지키는 사람들이 '자신의 저속한 영혼을 길들임으로써' 스스로를 정화시키려고 노력하는 수백만의 다른 신자들과 하나가 되었다는 유대감을 갖게 되기 때문이다.

메카 순례[하지] 속에는 고대 아랍 사회의 의례가 수용되어 정신적으로 승화되어 있다. 성지순례가 행해지는 것은 마지막 달인 둘-히자 달 중이다. 이와는 다른 시기에 아라비아를 찾은 사람은 소순례[움라]를 행할 수 있다. 움라는 카바 주위를 선회하는 의례, 그리고 사파와 마르와라는 언덕 사이를 빠른 걸음으로 오가는 의례를 중심으로 이루어진다.

　신성한 곳으로의 순례는 먼저 정화의례를 필요로 한다. 그러므로 메카로부터 일정 거리 떨어진 지점에 다다른 남성은 삭발을 하고 이흐람이라는 각별한 옷을 걸친다. 이흐람은 바느질을 하지 않은 두 조각의 흰 천으로, 온몸을 가릴 수 있을 정도의 크기이다. 여성은 몸매를 감출 수 있는 헐렁한 복장을 한다. 순례자들은 이어 성소를 향해 랍바이카라는 인사를 한다. "당신께 봉사하고자 여기 제가 왔나이다!" 순례의 의례는 카바 주위를 일곱 바퀴 도는 것과 — 이때 순례자들은 가능하면 성전의 동남향 모서리에 안치된 검은 돌에 입을 맞추려 한다 — 사파 언덕과 마르완 언덕 사이를 빠른 걸음으로 일곱 번 왕복하는 의례를 포함한다. 이 두 언덕은 현재 아케이드로 연결되어 있다. 그러나 가장 핵심적인 의례는 순례의 달 9일, 메카로부터 약 13킬로미터 떨어진 곳에 위치한 아라파트 언덕에 '머무는 것'이다. 이곳에서 순례자들은 연설을 듣게 되고, 다시 메카로 돌아가는 중 세 곳에서 각각 일곱 개의 작은 돌을 일정한 목표물을 향해 던지는 '사탄 돌팔매질' 의례를 행한다. 이어 10일, 미나에 도착한 순례자들은 각자 양, 혹은 그보다 더 큰 가축을 제물로 잡는다. 같은 날 이 의례는 집에 남아 있는 사람들도 행한다. 순례의 의례 중 이 부분은 아브라함이 자신의 아들 이스마일을 제물로 바치라는 — 결국 어린 양이 그를 대신하게 되었지만 — 명령을 받은 날을 기억하기 위한 것이다. 제물을 바치는 의례가 끝나면 순례자는 신성한 상태, 이흐람으로부터 일상적인 상태로 돌아갈 수 있고 이발, 손톱 깎기, 부부관계 등이 다시 허락된다. 성역 내에서 생물을 해치는 행위는 큰 죄로 간주되고 있다.

성지순례는 순례자가 건강하고 별다른 어려움 없이, 특히 빚을 지지 않고 여행할 수 있는 경우에만 수행되어야 한다. 이는 종교적 실천에서도 이슬람이 현실적으로 접근한다는 사실을 보여준다. 지난 세기까지만 하더라도 성지순례는 카이로나 바그다드에서 거창하게 출발하는 대상을 따라 육로를 통해서 오든, 아니면 변변치 않은 배를 타고 인도나 말레시아로부터 항해해서 오든 먼 나라에서 오는 사람들에게는 위험한 일이었다(항공여행도 항상 안전한 것은 아니지만). 그러나 요즈음 무슬림들은 이 중대사를 준비하는 데 있어서 예전의 그 힘들고 긴 여행이 단시간에 끝나는 항공여행보다 더 바람직하다는 의견을 가끔 토로하고 있다. 후자의 경우 자신의 종교의 심장부를 방문하면서 얻은 체험을 음미하며 명상에 잠길 수 있는 여유를 거의 주지 않는다는 것이다. 귀향길에 순례자들은 하갈이 마셨던 잠잠 샘의 물을 한 통씩 가져간다. 가족들은 순례를 마치고 성지에서 돌아오는 그들을 자랑스럽게 맞아 기쁨을 나누며 그들에게 하지라는 존칭을 붙여준다. 순례중 세상을 하직하는 사람은 샤히드〔순교자, 신앙의 증인〕로 간주된다.

온 세계 사람들을 메카에서 만난다는 것, 그리고 이슬람 최대의 성역에서 그들과 함께 의례를 행한다는 것은 두말할 것도 없이 무슬림들 사이의 일체감을 강화시켜 준다. 수세기에 걸쳐 많은 학자와 독실한 신자들이 메카에 머무는 기간을 연장하면서 자신의 종교적 견해를 타지역에서 온 동료들과 나누었다. 주요한 신학적 혹은 신비적 저작들이 저자가 카바 인근에서 체류하는 동안 얻은 영감을 통해 탄생했다. 자마흐샤리(1146 사망)의 방대한 쿠란 주석서는 저자가 메카에 머무는 동안 그 두께를 더해갔다(이 주석서는 자르 알라[하느님의 이웃]라고 불리는데, 이는 그가 오랫동안 메카에 머물렀기 때문에 붙여진 명칭이다). 이슬람 신지학神智學 분야에서 가장 포괄적인 저서인 이븐 아라비의 「푸트하트 알-마키야」는 메카 체험의 영향을 더욱 두드러지게 반영하고 있어, 이 작품은 저자가 카바를 선회하는 동안 그에게 '계시'되었다고 한다.

더 나아가 이슬람 세계의 변방에서 발생한 거의 모든 개혁운동이 성지순례에 의해 점화되었다는 점도 매우 중요한 사실이다. 얼마간 메카에 머물면서 자신들처럼 어떤 것이 '진짜 아랍적인 이슬람'인지를 경험한 것처럼 보이는 다른 무슬림들과 의견을 주고받은 벵갈이나 나이지리아, 모로코나 중앙아시아 출신의 독실한 신자들은 고국으로 돌아가서는, 일반 대중의 이슬람 속에 침투해 있는, 이제는 고대 이교도들의 잔재처럼 여겨지는 수많은 토착적 미신이나 풍습을 물리치기 위해 투쟁했던 것이다.

메카 방문과 더불어 메디나에 있는 예언자의 영묘[라우다]를 방문하는 것은 비록 의무는 아니지만 관례가 되었으며, 늦어도 13세기말부터는 인도나 인도네시아, 혹은 사하라 남부 아프리카처럼 먼 지방의 무슬림들이 사모하는 예언자의 이 마지막 안식처를 동경하며 많은 시를 남겼다.

무슬림들의 일상생활에 가장 중요한 듯하며 이슬람 세계를 형성하는 데도 가장 강력한 영향을 미친 의무는 둘째 기둥인 예배[살라트](페르시아어와 터키어로는 나마즈)이다. "신앙에서 불신앙으로 가는 첩경은 예배를 포기하는 것이다"라고 하지 않았던가. 살라트는 해뜨기 전, 정오, 오후, 일몰 후, 밤, 이렇게 하루 다섯 번씩 올린다. 쿠란 속에는 의무적인 예배가 몇 번인지에 대한 언급이 없으나 하루 다섯 차례의 예배는 무함마드 생전에 이미 관례가 되었던 것으로 보인다. 하디스 문헌이 우리에게 전해주듯 이 횟수는 무함마드가 천상으로 간 야간여행 때 신자들의 의무에 대해 하느님께 탄원을 올리는 과정에서 확정되었다. 쿠란은 밤을 새워 드리는 예배[타하주드]의 중요성을 강조하고 있는데, 이는 신자들의 의무사항으로 정해진 적은 없으나 독실한 신자들, 특히 신비가들 사이에서는 예전과 마찬가지로 요즘도 꾸준히 이행되고 있다.

예배는 매번 니야[다짐], 예를 들면 이제 3회[라크아]로 구성된 저녁예배를 올리고자 한다는 등의 다짐으로 시작한다. 1회의 라크아는 예배자가 똑바로 서서 "알라후 아크바"[하느님은 (그 무엇보다도) 위대하시나이다]라는 말과 파티하를 낭송하는 것으로 시작, 이어 허리를 굽히고, 바로 서고, (무릎을 꿇고 이마를 땅에 대며) 절하고, (바닥에) 앉고, 다시 절을 하는 일련의 연속적인 동작으로 이루어져 있다. 처음 두 라크아를 행할 때는 쿠란의 다른 구절이나 장이 낭송되기도 한다. 각 예배는 규정된 횟수의 라크아로 이루어진다(새벽예배는 2회, 정오예배는 4회, 오후예배는 4회, 일몰예배는 3회, 밤예배는 4회이다). 다양한 동작이나 자세는 각각 특정한 구절을 낭송하면서 행해진다. 끝으로 예배자는 앉은 자세에서 신앙고백문을 낭송하고, 아울러 예언자와 동료 신자들을 위한 축원을 올린 후 예배를 마친다.

 살라트는 처음 두 라크아를 행할 때, 긴 쿠란 구절을 낭송함으로써 길어질 수도 있다. 예배가 끝난 후 염주(타스비)를 세며 기원문이나 하느님의 명칭, 혹은 종교적 내용의 구절들을 되새기면서 오랜 명상에 잠기는 사람도 많다. 다섯 필수 살라트 외에 언제나 행할 수 있도록 권장된 살라트도 많다.

 예배 시각이 되면 무에진은 모스크의 첨탑(미나렛) 혹은 지역에 따라서는 모스크 지붕에 올라가 사람들을 불러모은다. 예배를 드리러 오라는 부름(아단)은 신앙고백문과 약간의 추가적인 구절로 이루어져 있으며 가락을 길게 늘어뜨려 낭송한다. 이것은 오늘날 보통 스피커나 녹음기의 도움을 통해 이루어지고 있다. 아단이 끝나면 신자들은 세정을 한다. 예배는 혼자 올릴 수도 있고, 아니면 공동체와 함께 모스크에서 행할 수도 있다. 어떤 경우든 의례적으로 깨끗해야 한다는 것이 절대적인 전제조건이다. 시소한 부정을 탄 경우엔 — 신체 아래 부분에서 방출되는 대변이나 소변, 방귀, 또는 잠을 잤거나 기절을 했을 경우가 이에 속한다 — 소정小淨(우두)을 요한다. 이 경우엔 다른 사람이 사용하지 않은 흐르는 물로 얼굴과 머리 일부, 그리고 양손을 팔목까지, 두 발을 발목까지 닦아야 한다. 물로 콧구멍을 세척하는 동작에서부터 귓구멍을 닦을 때 취해야 할 손가락의 움직임에 이르기까지, 세월이 경과하는 동안 정교하게 가다듬어진 세정의 세부수칙은 정확하게 지켜져야 한다. 매 동작마다 특정한 기도 구절이 암송되어야 한다. 한 예배를 끝내고 다음 예배를 시작할 때까지 앞서 말한 부정을 타지 않은 경우엔 세정을 할 필요가 없다. 성관계나 월경 또는 분만 등으로 몸이 크게 부정하게 된 경우엔 대정 [구슬]을 해야 하며 이때는 머리카락을 포함해서 신체의 모든 부위를 물에 적셔야 한다. 그런 연후에만 예배가 올려질 수 있고, 또 쿠란에 손을 대거나 그것을 낭송할 수 있다. 금요일 정오예배 전에는 비록 크게 부정을 타지 않았더라도 구슬을 하는 것이 상례로 되어 있다. 물을 구할 수 없는 경우엔 모래로 하는 세정[타얌문]도 괜찮다.

금요 예배는 공동체 의무이다. 두 부분으로 구성된 짧은 강설[후트바]을 포함한다. 후트바에서는 보통 쿠란이나 하디스에 근거한 약간의 덕담과 위정자를 위한 기도가 이루어진다. 후트바에서 이름이 언급된다는 것은 그 이름의 주인공이 정통성을 지닌 통치자임을 의미한다. 여성은 거의 금요예배에 참석하지 않으며 집에서 올리는 것을 선호한다.

매일 올리는 예배는 하느님에 대한 숭배와 겸손의 행위라고 쿠란은 설명하고 있다. 예배를 끝내기 전 무슬림은 자신의 개인적인 기원을 올릴 수 있다. 여행중이거나 전시 상황, 혹은 구속중인 경우엔 정오예배와 오후예배 또는 일몰예배와 밤예배를 합쳐서 행할 수 있다. 일식이나 월식 때처럼 두 마디 혹은 그 이상의 라크아로 이루어진 예배를 추가로 올릴 수 있는 기회는 얼마든지 있다. 비를 비는 기도, 집이나 모스크에 들어갈 때, 그곳을 떠날 때, 쉽게 말해 독실한 무슬림은 기회만 있으면 짤막한 살라트를 행한다.

예배가 지닌 정화의 힘에 대한 믿음은 상당하다. 예언자는 이를 하루에 다섯 번씩 죄를 씻어내리는 물줄기에 비유했다. 정해진 시각에 예배를 올림으로써 무슬림들은 정확성, 청결함, 그리고 모스크 내에서는 서열이 없으므로 공동체 생활에 있어서의 평등한 참여의식을 일깨우는 이상적인 교육의 기회를 가지는 셈이다. 예배는 사람들에게 몰아경을 체험시켜 줄 수도 있다. 주위에 있는 모든 것을 잊어버리고 자신 속에 침잠해 있는, 그리하여 이 세상에서 벗어나 겸손하게 주님 앞에 서 있는 듯한 무슬림을 보면 우리는 이슬람이 어디에서 그 생명력을 이끌어내고 있는지를 가장 잘 알게 된다.

들판에서든 기차 속에서든, 아니면 자신의 상점이나 사무실에서든 살라트를 행하기 위해서는 깨끗한 장소만 있으면 된다. 작은 예배용 깔개 하나만 있으면 어떤 장소든 정결하게 된다. 그렇기는 하지만 이미 예언자가 생존해 있던 시기부터 집단예배를 위한 장소가 건립되었다. 마스지드〔꿇어 엎드리는 곳〕가 그곳이다(모스크라는 단어는 여기서 왔다). 각 권역마다 건립되어 금요예배가 행해지는 대 모스크는 자미〔함께 모이는 (모스크)〕라고 불린다. 모스크 외에도 주로 이슬람 세계의 동부에서 볼 수 있는 것으로서 무살라라고 불리는 예배용 작은 공터가 있으며, 연 2회의 이드 축제, 즉 라마단이 끝날 때와 희생제 때 열리는 대집회를 위해서는 예배용 벽감壁龕이 세워져 있는 광장인 이드가를 이용하기도 한다.

쿠란과 그 가르침

모스크 건축물은 가장 널리 알려져 있으며, 어떤 면에서 이슬람 문명을 가장 잘 대표하는 예술적 표현이라고 할 수 있다. 9세기 한때 압바스 할리파조가 자리잡았던 사마라의 웅장한 모스크는 초기 모스크 건축물의 전형적인 예를 보여주고 있는데, 25개의 회랑은 10만여 명이 함께 예배를 올리기에 충분한 공간을 제공했다. 이보다 더 잘 알려진 것은 929년에 건립된 코르도바의 대 모스크로서 이중으로 된 단순한 말굽형 아치에 의해 연결되어 있는 커다란 원주기둥의 행렬은 마치 숲속에 들어온 듯한 느낌을 준다. 동부에서 처음 발달한 마드라사, 즉 신학교의 영향 혹은 그와 병행해서, 단순히 기둥으로 둘러싸여 있던 초창기 대 모스크의 안마당은 후에 깊숙한 벽감과 주랑柱廊으로 둘러싸인 넓은 마당으로 바뀌었다. 건물의 외관은 커지고 더 웅장해졌다. 흔히 종유석 모양의 장식물이 화려하게 박혀 있는 웅장한 대문은 이집트 맘룩 왕국이나 인도 무슬림 지역 일부를 포함하여 터키-페르시아 지역에서 전형적이다. 그러나 모스크 건축양식 중 가장 완벽한 형태는 중앙에 웅대한 돔을 갖춘 오스만 제국의 모스크가 아닌가 한다. 이것은 비잔틴 제국이 이스탄불에 세운 하기아 소피아 대성당을 능가하는 역작을 만들기 위해 터키 지역 내에서 이중, 삼중의 돔으로 이루어진 모스크 건축양식을 습작한 결과 비로소 완성되기에 이르렀다. 이 양식 최고의 걸작품은 이스탄불과 에디르네에 건립된 미마르 시난의 황제 모스크들(쉴레이마니예, 셀리미예, 미흐리마)이다. 직육면체의 구조물과 수많은 반쪽 돔에 의해 떠받쳐진 웅대한 중앙 돔은 가늘고 높은 미나렛과 멋진 대조를 이루고 있다. 서구인들의 눈에 익숙해진 모스크는 바로 이 양식이다.

미나렛의 모양은 모스크만큼이나 다양하다. 직사각형의 조금 묵직한 탑 모양을 하고 있는 옛 시리아 또는 이슬람 서부 유형의 첨탑은 아직도 모로코와 스페인에 서 있다(세빌랴 지방의 기랄다에 있는 것이 그 예다). 850년에 건립된 높이 50미터 이상인 사마라의 나선형 미나렛은 바빌로니아 지방의 지구라트[1]를 연상시켜 주는 유적이다. 중세 말기 이집트에서 건립된 여러 층으로 된 맘룩형 미나렛은 장식이 요란해서 대체로 이란과 중앙아시아에 세워진 단순한 형태와 대조를 이룬다. 이 지역의 미나렛은 둥글고 높은 굴뚝과도 그 형태가 유사한데, 흔히 고급스런 벽돌이나 모자이크로 장식되어 있다. 오스만 제국의 송곳형 첨탑은 인도 아대륙의 다소 묵직한 형태의 미나렛과 현격한 차이가 있다. 이곳에서는 미나렛 꼭대기가 정자 모양의 구조물로 장식되어 있다. 데칸 지방의 경우 그 구조물은, 데칸형 모스크의 돔이 간혹 터지기 시작한 꽃봉오리 모양을 하고 있듯, 작은 꽃망울 모양을 닮았다. 인도네시아와 중국에는 그곳 나름대로 지역 특유의 모스크와 미나렛 건축양식이 있으며 파고다형이 지배적이다. 서부 아프리카의 모스크는 단순하지만 인상적인 형태이다.

모스크에는 일반적으로 여성을 위해 특별히 마련한 공간이 모스크 뒷부분이나 갤러리에 마련되어 있다.

---

[1] ziggurat: 옛 바빌로니아, 앗시리아 지방에 세워졌던 피라미드형 신전.

모스크 내부는 지극히 단순하다. 안마당에는 소정을 하는 데 필요한 샘이나 분수 혹은 수반이 있다. 메카를 향한 벽에는 자그마한 벽감(미흐랍)이 있어 예배의 방향을 말해준다. 미흐랍은 목재, (특히 다소 밋밋하고 각이 진 셀주크형 미흐랍의 경우엔) 타일, 유광 타일, 석재, 대리석 등 정결한 재료라면 무엇으로든 만들 수 있다. 미흐랍은 보통 예술적으로 씌어진 쿠란 구절, 특히 "자카리야가 미흐랍에 들어갈 때면 언제나 …"로 시작되는 수라 3/32의 이야기로 장식되는데, 이는 성처녀 마리아가 임신중 독방에서 기적적으로 부양되었다고 묘사한 부분이다. 미흐랍이 정확하게 메카를 향해야 한다는 점은 건축학자나 수학자들에게 대단히 중요한 과제였다.

무슬림 세계 미흐랍 중에서 두 곳은 각별히 언급할 만하다. 하나는 데칸 지방의 비자푸르 모스크에 있는 것으로서 이것은 1636년에 건립되었다. 크기가 6미터에서 7미터에 이르는 이 미흐랍은 아마도 지금까지 건립된 것 중 가장 큰 미흐랍일 것이다. 이 미흐랍을 장식하고 있는 투각된 글씨는 다시 오색찬란하게 그 아름다움을 더해주는 무수한 장식으로 치장이 되어 있다. 벽감 하단부에 드리워진 보석 '휘장'은 이를 보는 사람에게 바로크식 건축을 연상시킨다(이곳은 포르투갈인의 영향을 배제할 수 없는 지역이다). 다른 하나의 기억할 만한 예배용 벽감은 1988년 파키스탄 이슬라마바드에 건립된 파이잘 모스크에 있는 것이다. 그것은 백색의 대리석으로 만들어졌으며 펼쳐진 책 모양을 하고 있는데, 그 위에는 중세적인 한 서체로 쓴 수라 55 알-라흐만(지극히 자비로우신 분)이 황금색으로 각인되어 있다. 벽감은 특히 이란과 터키산 예배용 깔개에 자주 등장하는 문양이다. 이 문양은 수세기에 걸쳐 사용되었으며, 간혹 그와 더불어 등잔이나 물병이 등장한다. 등잔은 빛을 상징하며, 물병은 세정을 위한 물 항아리를 묘사한 것일 수도 있고, 아니면 단순히 정화수의 상징일 것이다.

예배용 벽감 옆에는 민바르[연단]가 있다. 이는 예언자가 활동하던 당시 도입되었다. 원래 세 계단으로 되어 있었으나 후에 더 많은 계단이 창안되었다. 미흐랍과 마찬가지로 민바르도 재료에 구애받지 않고 제작될 수 있다. 가장 뛰어난 작품은 현란한 기하학적 무늬와 당초 무늬를 조각한 목제품들이다.

쿠란을 받쳐놓는 대는 미흐랍 가까운 곳에 둔다. 고급 목재로 만든 것이 일반적이며 흔히 상아나 자개를 박아 정교하게 장식한다. 예전에는 희미하게 반짝이는 에나멜 글씨로 장식했던 유리등잔이 모스크를 밝혔다. (다소 현대적인) 시계는 예배 시각을 알려준다. 수도에 위치한 대형 모스크 안에는 통치자를 위해 특별히 만든 정자 모양의 구조물이 있을 수 있다.

모스크 벽에는 그림 장식이 없다. 끊임없이 이어지는 아라베스크 문양과 글씨가 새겨져 있을 뿐이다. 기하학적 문양과 함께 하느님과 그분의 사자들의 이름이 (쉬아 이슬람에서는 이와 아울러 초대 이맘인 알리의 이름이) 새겨진 타일은 중세 후기부터 장식으로 사용되었다. 홀림체로 쓴 쿠란 구절이 새겨진 별 모양의 타일은 13세기 이란에서 유행했다. 오스만형 모스크를 장식한 타일 공예, 특히 이스탄불의 자그마한 뤼스템 파샤 모스크를 장식한 수천 개의 튤립 문양 타일 작품은 환상적이다. 일반적으로 벽에다 아라베스크 문양, 혹은 그보다 약간 후의 풍조로서 당초문을 그려넣은 것은 근세에 나타난 것이다. 요즈음 모스크 내에서는 메카의 카바 성전이나 메디나에 있는 예언자의 영묘를 담은 사진, 심지어는 예언자의 축복받은 신발을 묘사한 것도 가끔 발견할 수 있다.

그러나 가장 빈번하게 사용되는 것은 역시 글씨 장식이다. 이슬람 예술에서 빼놓을 수 없는 것이 서예이다. 하느님의 신성한 말씀이 시각화된 것은 문자를 통해서이다. 비록 낭송하는 것이 문자를 보는 것보다 더 중요하게 간주되었고 또 지금도 그렇지만, 경전의 필사본은 한 세대로부터 다음 세대로 전수되었다. 이미 초창기부터 무슬림들은 쿠란을 되도록 아름답게 옮겨적으려 노력했다. 가장 오래되었으며 다소 볼품이 없는 아랍 서체로서 (쿠파 시市에서 연유했다 하여) 후에 쿠피체로 발전한 서체는 대단히 불편했다. 판독에 필요한 표시가 없었으며, 따라서 다수의 철자가 구별되지 않았다. 이들 초기의 필사본들은 쿠란을 암기하고 있는 사람들이 가끔 약간의 시각적 도움을 필요로 하는 경우를 위해 작성된 듯하다.

얼마 후 발음 구별 부호와 모음 표시가 추가되었다. 묵직하고 위엄있는 글씨가 소가죽으로 만든 널찍한 종이에 새겨졌다. 이렇게 작성된 지면은 이콘의 경우처럼 읽는 사람이나 보는 사람을 그 속에 빠져들게 한다. 서체는 차츰 가볍고 날렵하게 변해갔다. 그것은 귀중한 필사본에서뿐 아니라, 더욱 요긴하게 비문 — 묘비석, 역사적 비문, 종교적 명문 등 — 에도 사용되었다. 글씨는 복잡한 꽃무늬를 배경으로 하거나, 종려나무 가지 문양으로 끝나는 키큰 서체로 복잡하게 도안되거나, 또는 복잡다단한 기하학적 무늬와 연결되어 글자와 장식 사이의 구분이 흔히 사라져 버리곤 했다(이는 비문의 경우에 현저했으며, 서책 속의 글씨인 경우엔 항상 읽을 수 있도록 배려가 되었다). 하느님의 말씀이나 매우 중요한 글을 적는 데에만 사용된 쿠피체 외에 새로운 필기체가 개발되었다. 처음 파피루스 종이에 사용된 이 서체는 편지나 비종교적 서적 등 세속적인 글을 적는 데 이용되었다. 751년 아랍인들이 중국인들로부터 종이 만드는 기술을 배운 이후, 이 서체는 예술적으로 다듬어질 수 있었다. 10세기초 바그다드의 재상 이븐 무클라는 대나무 펜의 폭을 기준으로 각 문자의 크기를 기하학적으로 정확하게 산정하는 방법을 고안해 냈다. 이후 다양한 필기체가 꾸준히 연마되었으며 오스만 시대에 이르러 서예는 그 절정기에 이르렀다. 아랍 문자에 특히 적합한 곧추세운 서체 외에도 다분히 페르시아어의 문법적인 필요성에 맞추어 이른바 '매달린' 서체가 이란에서 개발되었다. 이 서체는 페르시아어, 터키어, 우르두어로 된 시를 담는 데는 이상적이었으나 아랍어에는 적절하지가 않았다. 그래서 나스탈리크체로 불리는 이 서체로 필사된 쿠란은 극히 드물다.

  쿠란 전체, 혹은 그로부터 다만 몇 개의 구절이라도 필사하는 것이 통치자를 비롯하여 많은 무슬림 학자들의 목표였다. 그래서 튀니시아, 인도, 터키, 이집트 그 어디에 있는 것이든 상당히 많은 쿠란 필사본과 쿠란의 기원문으로 된 장식용 비문은 무슬림 왕들의 작품이다.

읽는 사람에게 깊은 인상을 남기는 단순하게 뻗은 긴 선으로부터 시작해서 아랍 서체의 예술적 가능성은 무궁무진하다 (가장 큰 것으로 알려진 쿠란 필사본은 가로 세로가 각각 101센티미터와 177센티미터에 이르며 각쪽은 일곱 개의 줄로 되어 있다). 예술적인 서예작품에 있어서는 종교적인 구절이나 기원문이 동물 혹은 식물의 형태를 취하는 것이 있는가 하면 사람의 얼굴을 하고 있는 것도 있다. 이러한 서예체로는 쿠란을 절대로 옮겨 적지 않았다. 쿠란을 그림으로 장식하는 것은 있을 수 없는 일이기 때문이다. 물론 쿠란 속에는 그림을 금지한다는 말이 없다. 그림이나 조각을 금한다는 언급은 예언자의 말 속에 있다. 그러나 벽화가 우마이야조 이래 존재해 왔다는 것은 증명되었으며, 도예나 철제 공예품에 새겨진 형상은 이슬람 예술의 주요 부분을 이루고 있다. 그러나 이슬람 예술이 자신을 가장 잘 표현한 분야는 서예와 장식공예이다. 아라베스크, 정확하게 말해서 잎과 종려나무와 꽃을 통해서 끊임없이 자라는 등나무는 이슬람 예술의 중심적인 문양이다. 중심적인 것처럼 보이는 문양은 장식공예적인 양식에 따라 혹 중복이 되기도 하고 혹 반으로 나뉘기도 하며, 혹 단순 거울효과, 혹 굴절 거울효과를 통해 무한하게 이어진다. 모두 복잡한 수학 공식에 따라서 말이다. 그리하여 이 문양은 인간의 눈을 더 높은 곳으로 이끌고 사려깊은 영혼에게 무궁무진한 하느님의 권능을 상기시킨다. 하느님의 말씀을 옮기고 전하는 (한편 장식으로도 변한) 서예와 더불어 아라베스크는 성스러운 책과 성스러운 장소에 잘 어울리는 장식인 셈이다.

극소수의 오래된 세밀화 속에는 예언자의 초상이 그려져 있다. 그러나 그의 모습은 일반적으로, 혹 그려넣는다 하더라도, 얼굴이 베일에 가려진 채 묘사된다. 여기에서도 서예가 다시 그림의 역할을 대신한다. 예언자의 탁월한 모습과 자질에 관한 아랍측 자료는 가장 오랜 전승 속에 보존되어 있으며, 그것은 흔히 정성스럽게 필사되어 많은 무슬림 가정에서 그림 대용으로 활용되고 있다. 그러나 후대에 와서는 쿠란에 소개된 예언자들과 쉬아파 이맘들의 초상화가 쉬아파가 국교인 이란에 등장했다. 예언자가 야간여행 때 탔던 천마天馬 부락을 묘사한 유치한 그림은 인도나 파키스탄의 모스크에서 구할 수가 있다. 이것은 또한 수호의 상징으로서 파키스탄인들의 화물 트럭에 부착되어 있다.

  종교적 의무조항에 관한 것이든 혹은 예술과 관련된 문제이든 쿠란은 모든 인생사의 근본이다. 그러므로 세월이 지남에 따라 폭넓은 해석과 주석이 발전한 것은 자연스런 현상이었다. 쿠란 해석에 있어서의 첫번째 단계는 문헌학적으로 본문의 내용을 조사하는 작업이었다. 비록 쿠란이 창조되지 않은 하느님의 말씀으로 간주되었지만 초기에는 극히 대수롭지 않은 부분에 사소한 견해차가 있었다. 오늘날까지도 성서 '독경에 있어서의 일곱 가지 방법'에 대해 말하는 사람이 있으나 이제는 인쇄 매체 덕분에 거의 완벽한 통일이 이루어졌다.

  무함마드 사후 처음 몇 세대 동안 대부분의 독실한 무슬림들은 쿠란에 대해 설명하려 하지 않았다. 믿기 어려운 자료를 인용함으로 말미암아 행여 위험천만인 잘못이나 억측에 빠지

지나 않을까 두려웠던 것이다. 그러나 완전히 일치하는 해석은 있은 적이 없었다. 오히려 성서를 한껏 다양하게 해설할 수 있다는 사실이 그 초자연적 성격을 강력히 증거하는 것으로 여겨졌다. 하느님의 말씀으로서 그것은 그분 자신만큼이나 무한할 수밖에 없다. 그러므로 쿠란을 상이하게 해석할 수 있는 가능성은 학자나 신비가 그리고 일반 신자들의 마음을 끊임없이 사로잡았다. 총 30권에 이르는 주석서 최초의 역작은 유명한 역사가 타바리(935 사망)가 저술했다. 자마흐샤리(1146 사망)는 유명한 주석서를 무타질라파 사상의 영향하에서 썼다. 약간의 종파적인 입장은 저자의 탁월한 언어학적 해석으로 인해 보통 무시되었다. 후기에 씌어진 유명한 주석서 중 언급되어야 할 것은 13세기에 나온 바이다위 주석서와 15세기말의 잘랄루딘 앗-수유티 주석서가 있으며, 19세기 오스만 터키에서는 엘말리의 주석서가 널리 사용되었다. 비아랍어권 학자들은 그 자체가 일종의 주석이기도 한 번역작업을 통해 성서를 주석서의 굴레에서 해방시키려 했다. 그동안 저술된 무수한 주석서와 주석 보조서들이 성서를 겹겹이 에워싸며 거의 뒤덮다시피 했던 것이다. 그들은 무슬림들이 이런저런 학자의 그럴듯한 주석에 매달려 마냥 머뭇거리는 대신, 곧바로 계시된 글, 그 의미가 있는 곳으로 돌아가도록 인도하고자 했다. 인도 출신 신학자 샤 왈리울라(1762 사망)에 의한 쿠란의 페르시아어 번역은 이러한 경향을 주도한 이정표적 역작이었다.

두말할 것도 없이 이슬람 신비가들은 하느님의 말씀을 더 깊게 이해하려고 애썼다. 그들은 본문의 문자 뒤에 더 깊은 의미가 있으며, 의미의 참된 핵심에 이르기 위해서는 문자의 장막을 뚫고 들어가야 한다는 사실을 알고 있었다. 초기의 어떤 신비가가 쿠란 각 구절에 대해 각각 7천 가지의 해석을 알고 있었을 것이라는 이야기는 과장일 것이다. 그러나 무궁무진한 쿠란의 의미를 찾아내려는 노력은 끊임없이 이어졌다. 이 노력은 단어의 어근을 캐고 각 표현을 관련지어 보고 하는 것이 거의 무한하게 가능한 아랍어의 특성으로 인해 대단히 용이했다. 하나의 전형적인 예는 이븐 아라비의 저작으로, 그것은 쿠란과 그 주석서를 기초로 해야만 완전히 (혹은 적어도 요점을) 이해할 수 있다. 쉬아파들, 특히 바티니야파는 쿠란의 비의적인 의미를 강조했으며, 단계적인 입문 과정을 통해서 추종자들을 그 성스럽고 비밀스런 영역으로 안내해 주었다. 단어의 내적 의미는 그 단어의 외적 몸에 생명을 불어넣는 영에 해당하는 것이 아니겠는가? 마울라나 루미가 말했듯이 쿠란은 그 속과 겉이 모두 아름다운, 그러나 각각 다른 종류의 사람을 끌어당기는 능라비단과 같은 것이 아니겠는가?

아무튼 쿠란을 연구한 사람이면 누구나 인정하는 사실이 있다. 그것은 쿠란을 읽거나 낭송하는 것이 하느님과 직접 대화하는 것이나 마찬가지이며, 하느님은 그분의 말씀을 통해서만 접근할 수 있는 존재라는 것이다. 쿠란을 읽는 행위 자체가 성례聖禮라는 주장이 정당화될 수 있는 것은 이때문이다.

중세에 이르러 (위프크 혹은 자프르라고 하는) 일종의 신비 수리학적 해석술이 발전했다. 오늘날도 일부 종파나 무슬림들의 모임에서는 쿠란의 각쪽에 있는 일련의 문자로부터 그 수리치數理値나 조합을 구해, 그로부터 무언가 심오한 의미를 찾으려는 시도를 하고 있다. 여기에서 그들이 간과하고 있는 것은 그러한 목적으로 사용하는 필사본이 다소 후기에 만들어진 것이며, 크기 또한 중세나 초기의 것과는 다르다는 사실이다.

현대사회의 발전으로 많은 종교적 입장들이 도전받게 되었으며, 학자나 독실한 신자 중 대표적인 인물들은 쿠란에 대한 새로운 이해를 모색하고 있다. 쿠란은 시대를 초월하는 최종적 계시로 간주되므로 현대사회의 과학적 발견들도 내포하지 않으면 안된다. 카이로 알-아즈하르 대학 학장을 역임한 무스타파 알-마라기는 이 점과 관련해서 다음과 같이 말했다.

> 진정한 종교는 진리에 배치될 수 없다. 만약 우리가 이슬람과 공존할 수 없는 것처럼 생각되는 어떤 과학적 명제에 대해서 그것이 진리임에 틀림이 없다고 확신을 한다면, 이것은 단지 우리가 쿠란이나 (예언자께서 남긴) 전승에 대해서 올바른 이해를 하지 못하고 있기 때문이다. 우리의 종교가 우리에게 준 보편적인 가르침이 하나 있으니, 그것은 어떤 명백한 진리가 계시된 문장과 양립할 수 없는 경우, 그 문장을 비유적으로 해석해야 한다는 것이다.

이에 앞서 인도의 개혁가 사이드 아흐마드 칸(1898 사망) 경도 자연에 드러난 '하느님의 역사役事'는 쿠란에 계시된 '하느님의 말씀'과 모순될 수 없다고 썼다(이들 용어는 우르두어로 된 본문 속에 영어로 표기되어 있다).

19세기 후기, 그리고 20세기에 들어서서 주석가들은 간혹 수소폭탄에 이르기까지의 군사적·사회적 발명이나 과학적인 발견과 관련이 있는 암시를 쿠란에서 찾으려 했으며, 또는 쿠란 속의 이러저러한 언급이 현대사회의 특정 사건과 관련이 있다는 해석을 하려 했다. 종말의 때와 관련된 수라들은 흔히 원래의 의미에서 멀리 벗어나, 만약 그 수라들이 인간의 어리석음과 핵무기의 사용으로 인해 (당할지도 모를) 파멸을 지적한 것으로 이해되지 않는 경우, 인간에게 (실제로) 닥칠 재난을 예고한 것이라고 해석되었다. 이는 쿠란의 탈신화화 현상이라고 표현할 수 있을 것이다. 최근 들어 대부분의 '근본주의적' 집단에서는 쿠란의 율법적인 차원이 각광받고 있다. 그들에게는 율법이 공동체의 '정신적 조정장치'라고 인식되고 있기 때문이다. 그러나 인도 무슬림 근대주의자 무함마드 이크발은 줄기차게 다음과 같이 역설했다. 쿠란은 역동적이고 '반反고전적인' 정신의 표현이며 생명으로 충만해 있다. 그것은 자연과학서가 아니다. 그리고 '쿠란의 세계'는 매일 새로운 얼굴을 보여주고 있다. 왜냐하면 그분의 서책에 계시되어 있듯이 하느님이 무한하면, 그분의 말씀 또한 그러하기 때문이다.

전 승

쿠란이 개인적인 삶이나 공동체의 일상사에 걸친 세부사항에 대해 충분한 설명을 해주고 있지 않다는 사실을 무슬림들은 이미 일찍부터 알고 있었다. 전혀 언급이 없는 사안이 있는가 하면, 또 많은 문제에 대해서는 단지 간략한 언급밖에 없었다. 예언자가 세상을 떠나면서 그와 함께 계시도 완전히 끊기게 되자 하느님의 가르침에 부합하는 삶을 살기 위해서는 새로운 장치가 강구되지 않으면 안되게 되었다. 무함마드의 동료 교우들과 그들의 후손들은 계시된 가르침의 근본 정신에 입각하여 그 사이사이에 비어 있는 곳을 메울 수 있는 방안을 모색했다. 그리하여 그들은 무함마드 자신이 남긴 언행, 즉 그의 순나[전승]에 매달렸다. 이미 이슬람이 출현하기 이전부터 아라비아 지방에서는 대대로 내려오는 지혜를 대단히 귀하게 여겼다. 그래서 신자들은 공경하는 조상이나 원로들이 취한 삶의 방식을 그대로 따르려 노력한 베두인들처럼 그들이 경애하는 예언자가 보여준 모범적인 삶을 그대로 모방하려 했다. 하긴 쿠란에서도 말하고 있지 않은가? "(매사를) 하느님께 의지하고, (항상) 최후의 심판을 염두에 두고, 끊임없이 하느님을 생각하는 모든 사람에게 하느님의 예언자는 실로 훌륭한 사표이니라"(수라 33/21)라고 말이다.

그리하여 예언자의 전승[순나]은 그 자체로 일종의 쿠란 해설서가 되었다. 성서 속에 단지 애매하게, 혹은 단편적으로 언급된 암시나 사안들은 무함마드가 언행을 통해 그것을 어떻게 보여주었는가를 가늠해서 이해되어야 했다. 그가 남긴 말이 수집되었고, 그가 보여준 행위는 세세대대로 구전되었다. 그가 무슨 말을 했는지, 혹은 어떤 행동을 했는지에 대한 기록은 하디스[일화, 이야기]라고 불린다. 모든 구전 자료가 그러하듯 세월이 지나면서 상당한 분량의 신빙성없는 이야기들이 파고들었다. 그러므로 무함마드의 원래 가르침과 그가 실제로 행한 행위를 이해함에 있어서 하디스는 절대적으로 신뢰할 만한 자료로 간주될 수 없었다. 비록 제한적이기는 하나 신학적·정파적 이해를 달리한 집단들이 각각 자기네 생각을 뒷받침하는 하디스를 들고나옴으로써 하디스는 이슬람 내에서 발생한 상이한 사조들을 반영하기도 했다. 9세기에는 수만 편의 하디스가 유통되고 있었다. 부하리(870 사망)는 그 중에서 가장 믿을 만한 하디스 7,300여 편을 선별해서 방대한 하디스 모음집을 체계적으로 정리하는 위대한 업적을 남겼다. 이 중 많은 하디스가 상이한 제목 밑에 이중, 삼중으로 소개되고 있으므로 실제 숫자는 약 3,000편 정도이다. 부하리와 동시대 인물인 무슬림(875 사망)도 비슷한 작업을 했다. 이 두 학자가 작성한 하디스 모음은 사히흐〔건전한, 흠없는〕하디스로 불리며, 쿠란 다음가는 권위를 누리고 있다. 같은 시기에 (아부 다우드, 나사이, 티르미디, 이븐 마자에 의해) 편찬된 4종의 또 다른 하디스 모음은 다소 격이 낮다. 서구 학자들의 눈에는 혹 기이할지도 모르는 특별한 기준으로 하디스에 대한 품평이 이루어졌기 때문에 학자들은 신뢰할 만한 하디스를 찾기 위해 넓은 지역을 헤매고 다녔다. 각각의 하디스는 해당 전승 자료를 전하는 사람들의 연결고리〔이스나드〕와 그 내용〔마튼〕으로 구성되어 있다. 고리는 끊어짐이 없이 무함마드나 그의 동료 교우까지 연결되어 있어야 한다. 단순하고 전형적인 이스나드는 다음과 같은 형태를 취하고 있다. 나는 '갑'이 다음과 같이 말하는 것을 들었다. "나는 '을'로부터 '병'이 자신의 아버지로부터 전해들은 이야기라며 '나는 예언자께서 이런저런 말씀을 하시는 것을 들었다'라는 이야기를 전해들었다." 하디스 연구자의 임무는 단지 전승자의 신뢰도를 조사하는 것이었다. 이스나드상에서(상당수의 여성들도 포함) 하디스를 주고받았다고 언급된 인물이 실제로 서로 아는 사이인지, 그들의 생존 시기나 연령, 거주 지역에 있어 그럴 가능성이 있는지 등을 파악해야 했다. 이외에도 여러 가지 판단 기준이 있었다. 이러한 엄밀성을 바탕으로 일름 울-리잘〔전승자들의 전기〕을 다루는 인물학 분야가 발전했다. 예언자로부터 시대적으로 얼마나 떨어져 있느냐에 따라 이들은 여러 타바카트〔등급〕로 분류되었다. 전승자의 고리가 모든 조건을 만족시키면 — 여기에는 그들이 한결같이 정직하고 경건하고 또 신뢰할 수 있어야 한다는 것까지 포함된다 — 그 하디스는 '흠 없는'〔사히흐〕 것으로, 그보다 신뢰도가 떨어지는 하디스는 '좋은' 또는 '약한' 것으로 각각 분류되었다. 이렇게 주도면밀한 작업에도 불구하고 새로운 하디스가 문헌 속으로 파고들었다. 유대교나 (마태오 복음 25,37-40과 같은) 그리스도교의 금언과 옛 격언들이 이슬람의 옷을 입고 등장했던 것이다.

쿠란에는 실리지 않았지만 예언자가 인용한 약간의 하느님의 말씀, 이른바 하디스 쿠드시〔신성한 하디스〕는 신자들, 특히 수피들 사이에 유포되었다.

항상 하느님의 말씀으로 간주되고 있는 쿠란의 인용문과는 달리 하디스는 "그분(예언자)께서 — 그분께 하느님의 축복과 평화가 있기를 — 말씀하셨다"로 시작된다. 이것은 예언자를 언급할 때면 항상 사용되는 형식이기도 하다. 예언자와 관련된 모든 것이 그렇듯 하디스 자체도 샤리프〔고귀한 (것)〕로 불린다.

서구적 감각으로 볼 때 '과학적'이라고 할 만한 하디스 비판을 정작 대부분의 독실한 무슬림은 미심쩍어한다. 또한 그러한 비판이 대수롭지 않다고 생각한다. 왜냐하면 진정한 예언자로서 무함마드는 미래사에 대한 예지와 예언의 능력을 지녔을 터이고, 따라서 서구 학자들이 무함마드의 것이 아니라고 생각할 만한 충고를 얼마든지 남겼을 수 있는 것이기 때문이다. 한편 오늘날 이슬람 세계에는 하디스의 권위를 부정하고 통째로 거부하는 근대주의적인 학파도 몇몇 있다. 근대주의자 사이드 아흐마드 칸 경의 동료이기도 한 인도 출신 무슬림 쉬라그 알리(1894 사망)는 같은 시기 유럽에서 이그나즈 골드찌허가 가한 것보다도 더 격렬한 비판을 하디스 문헌에 가했다. 쉬라그 알리의 이러한 태도는 전통주의자, 특히 (근본주의 운동인) 아흘-리 하디스가 사이드 경의 개혁주의 경향에 대해 갖고 있던 혐오감을 강화하는 데 기여한 듯하다. 이슬람적인 삶과 이슬람적인 문명의 근원으로서 하디스 전체의 중요성을 강하게 부인하는 오늘날 학자 중 빼놓을 수 없는 인물은 파키스탄의 굴람 아흐마드 파르베즈로서, 그에 따르면 무슬림 사상의 유일무이한 근원은 쿠란이다. 그러나 이 성스러운 책에 대한 그의 주석은 너무 특이하다. 칼 바르트를 연상시키는 문구에 넣어 그가 규정했듯이 그에게 쿠란은 '종교의 끝'이다. 한편 파키스탄 출신 파즐루 라흐만(1988 시카고에서 사망)은 미래지향적인 방안을 무슬림들에게 제시하기 위해 '살아 있는 순나'라는 개념을 고안했다. 예언자가 남긴 선례를 좇아 지난 천 년간 무슬림들이 지켜온 관행을 무엇이든지 맹목적으로 흉내낸 것이 아니라, 초창기의 신자들이 그랬듯이 순니의 근본 정신을 이해하는 것, 그리고 기계적인 모방이 아니라 하디스의 정신 속으로 들어가 현대사회에 맞게 그것을 재해석하려는 노력, 이것이 그에게는 더 중요해 보였다.

　전통적인 방식은 더 완벽한 '무함마드 모방'을 위한 노력 — 그것이 예배중에 손을 어디에다 두어야 할지의 문제이든, 혹은 바지를 올바로 입는 방식이든, 아니면 터번을 두르는 법이든 — 모든 것을 무함마드가 했던 그대로 쫓아 일일이 예언자가 보여준 예를 따르는 것이었다. 전형적인 예를 하나 들면, "무함마드께서 참외를 어떻게 드셨는지를 밝혀주는 하디스가 없다는 이유로 무함마드 이븐 아슬람은 그것을 먹지 않았다". 19세기에 이르러서도 한 독실한 인도 무슬림은 인도인들이 좋아하는 과일, 즉 망고를 먹지 않았는데, 이는 무함마드가 그것을 어떻게 들었는지는 고사하고, 그가 이 과일을 즐겼는지 아닌지를 확신할 수 없었기 때문이었다.

순나[전승]에 반하는 것은 비다[혁신]로서, 다른 한편에는 '좋은 비다'를 용인하는 하디스가 있음에도 불구하고 비다의 유입은 공동체의 안정을 해치는 위험한 것으로 보았다.

예언자를 모방함에 있어서 가장 흥미롭고 보편적인 예는 할례인데, 이에 대한 언급은 쿠란에 단 한 마디도 없다. 터키어로는 할례를 그냥 쉰네트[순나]라고 한다. 많은 신학자들은 할례를 받지 않은 사람이 올린 예배도 유효하다고 간주한다. 그러나 전승에 의하면 무함마드는 할례를 받은 상태로 태어났으며, 대부분의 사람들에게 할례는 무슬림 남성의 특징이다. 네 살에서 열 살 사이(보통 일곱 살 전후)의 소년에게 시술되는 포경수술을 인도-파키스탄에서는 무술마니라고 부른다. 이를 통해 소년이 공동체의 진정한 일원이 되기 때문이다. 이날은 축연이 열리며 왕자처럼 지위가 높은 소년의 할례 후에는 관례상 성대한 연회가 개최된다.

여성의 할례는 거의 알려지지 않은 하디스에 근거한 것으로서 이집트 남부 변방이나 인도 국경 지방의 풍습일 뿐 아니라 보호라 파처럼 몇몇 현학적인 공동체에서도 시행되고 있다.

성스러운 주야晝夜에 대한 근거도 쿠란이 아니라 전승 속에 있다. 예언자의 생일은 음력 3월에 해당하는 라비 알-아왈 12일에 기린다. 이날은 원래 예언자의 기일이므로 어떤 지역에서는 추모행사를 하기도 한다. 무함마드의 생일을 축하했다는 언급은 파티미조에서 처음 보인다. 파티미조의 선조 파티마는 예언자의 딸이므로 그의 생일을 축하한다는 것은 왕조의 종교적·정치적 위상을 높이는 것이었다. 1207년 (지금은 이르빌이라고 불리는 이라크 북부의 도시) 아르벨라에서 개최된 마울루드〔탄신일에 관한 화려한 기록〕는 예언자의 탄생을 기리는 특별한 송덕문의 영창이나 치장이 당시 이미 관행으로 뿌리내렸음을 보여준다. 이 축제는 곧 마그립 지역으로도 번져나갔다. 이날 낭송된 고양된 산문 형식의 찬가와 간결한 시는 이슬람 세계에서 통용되던 모든 언어로 썼다. 이러한 종류의 작품 중 가장 유명한 것의 하나는 1400년경 슐레이만 첼레비가 쓴 「메블루디 쉐리프」이다. 평이한 터키어로 쓴 이 글은 예언지의 탄생과 관련된 기적들을 노래한다. 이「메블루디」는 예언자의 생일뿐 아니라 여러 다른 종교적 행사가 있을 때, 특히 가까운 사람이 세상을 떠난 지 40일, 혹은 1주기가 되는 날 올리는 예배에서도 낭송된다. 예배를 올리며 쿠란과 함께 이 시를 영창하면 축복을 받는다는 믿음 때문이다. 그 내용은 "(하느님께서) 이 세상에 주신 은총"(수라 21/107)으로서 갓 태어난 구세주를 삼라만상이 모두 환영한다는 것이다.

어서오세요, 고귀한 왕자님, 반갑습니다!
어서오세요, 지혜의 보고, 반갑습니다!
어서오세요, 성서의 비밀, 반갑습니다!
어서오세요, 고통을 치유하는 영약, 반갑습니다!
어서오세요, 하느님이 보내신 일월광명, 반갑습니다!
어서오세요, 하느님과 결코 떨어지지 않는 당신!
어서오세요, 아름다운 정원에서 노래하는 꾀꼬리!
어서오세요, 강력하신 주님의 친구!
어서오세요, 당신 백성들의 피난처!
어서오세요, 헐벗은 자, 굶주린 자를 도와주시는 분. …
어서오세요, 죄인을 위해 변호해 주시는 분!
시간과 공간이 창조된 것은 오직 당신을 위해서였습니다. …

이 귀에 익은 옛 시가를 듣거나 낭송하면서 독실한 터키인이 꿈꾸는 천상의 축복은, 마울루드가 스와힐리어로 씌었든 혹은 벵갈어나 신드어로 씌었든 상관없이, 그것을 들을 때 다른 지역 무슬림들이 바라는 것이기도 하다.
　많은 국가에서 라비 알-아왈 12일은 국경일이었거나 현재 국경일이며, (파키스탄의 경우처럼) 텔레비전이나 라디오를 통해 한달 내내 종교적인 글이 낭송되거나 설교가 이어지기도 한다. 전통적인 이슬람에서는 예언자가 갓 태어났을 때 예언자의 어머니로부터 발산된 빛이나 그를 알현한 새와 동물들의 이야기 등을 노래했으나, 오늘날에는 주안점이 예언자의 출생과 관련된 기적적인 측면으로부터 정의로운 영도자, 사회개혁가, 윤리적인 행위의 참된 표상 또는 공동체의 지도자로서 그가 했던 역할을 강조하는 쪽으로 이동했다. 많은 무슬림들에게는 그의 이 고귀한 자질을 본받는 것이 순나의 외형적인 면을 시시콜콜 따르기보다 더 중요해 보인다. 아무튼 우리가 기억해야 할 것은 일상생활의 일거수일투족까지 추구된 이 '무함마드 본받기'에 의해 전세계 무슬림 공동체가 상당히 통일된 모습을 지니게 되었다는 사실이다.

쿠란에서 유래하지는 않았지만 중세 이래 중요하게 된 축제 중 하나는 샤반 15일, 즉 라마단이 시작되기 바로 전의 보름달 밤에 열리는 축제〔라일라트 알-바라아 혹은 샵-이 바라트〕이다. 이날 밤에는 사람들의 죄가 용서되고 신년 운세가 결정된다는 믿음이 있다. 모스크에는 불이 환하게 밝혀지고 몇몇 지역에서는 불꽃놀이가 벌어지며 특별한 사탕과자가 선물로 뿌려지기도 한다. 예언자가 하늘나라로 여행을 한 (음력 7월에 해당하는) 라잡 27일 밤과 (예언자가 수태된) 같은 달 초하룻날 밤도 역시 중요한 기념일이다.

쉬아 전통에서는 가디르 쿰의 날이라고 하여 쿰 연못 근처에서 예언자가 알리를 자신의 후계자로 선언한 둘-히자 17일을 기념한다. 알리의 생일과 더불어 약간의 쉬아파에서는 12인의 이맘 모두의 생일과 기일을 기리고 있다. 가장 중요하고 또 어느 지역에서나 추모되는 것은 무하람 10일 카르발라에서 있었던 후세인의 죽음이다. 이 기념일 목록에는 지역에 따라 각기 다른 무수한 성인들의 축일이 추가될 수 있다.

율 법

제국이 팽창을 시작한 지 얼마 되지 않아 무슬림들은 쿠란과 무함마드의 전승 자료를 함께 적용해도 풀 수 없는 문제, 특히 사법적으로나 의례적으로 까다로운 문제가 부지기수라는 사실을 깨닫게 되었다. 전통이나 풍습이 지난날 아랍의 그것과는 다르고, 또한 계시와 관련된 정황과는 상황이 완전히 다른 지역으로 이슬람의 통치 지역이 뻗어나갔으므로 새로운 질서와 옛 질서 사이에는 쉽게 마찰이 일어날 수 있었다. 이와 유사한 어려움은 오늘날 서양에 거주하고 있는 수많은 무슬림들에게서도 찾아볼 수 있는데, 그들에게는 현지의 현대적 사법 이론이나 현실 속에서 이슬람 법 — 특히 가족법 — 을 적용시켜야 하는 것이 중요한 과제가 되고 있다.

이 문제를 해결하기 위해서는 쿠란과 순나 외에도 무언가 더 필요하다는 사실을 초기의 무슬림들은 잘 알고 있었다. 어떤 사람은 오직 쿠란과 하디스에 기초해서 새로운 길을 모색했으나, 다른 사람은 유추의 방법〔키야스〕을 도입하는 것이 불가피하다고 생각했으며, 또 다른 사람은 인간의 이성에 기초한 사유〔라이〕에 의지하려 했다. 공동체에 발생한 문제를 해결하기 위해 여러 방법을 적용하는 과정에서 예언자 사후 2세기경 네 개의 법학파〔마드하브〕 '길'이 출현하게 되었다.

가장 오래된 법학파는 이라크 출신 아부 하니파(767 사망)가 수립한 것으로서 그는 다른 학파에 비해 인간의 사유가 활동할 수 있는 공간을 더 넓게 열어 놓았다. 그의 마드하브인 하나피 법학파는 주로 터키 무슬림들 사이에 퍼져 있으며 인도에서도 많은 무슬림들이 이에 속해 있다. 이보다 조금 뒤 예언자의 순나를 수호하고 있다고 자처하던 메디나에서는 말리크 이븐 아나스(795 사망)가 나타나 예언자의 도시를 지배하고 있던 전통주의적인 경향에 앞장서서 활동했다. 말리크는 처음으로 법률적인 문제를 다룬 저서 「무와타」를 썼으며 그의 법학파는 주로 이슬람 제국 서부 지역에 퍼져 있다. 아부 하니파와 말리크, 이 두 학자로부터 수학한 샤피이(820 사망)는 이슬람법의 체계화를 향해 첫발을 내디딘 인물로서 그가 수립한 법학파는 이슬람 세계의 중심부인 이집트, 시리아에서뿐 아니라 아프리카와 인도 남부, 그리고 인도네시아에서도 중요한 위치를 점하고 있다. 마드하브와 관련된 네번째 학자는 아흐마드 이븐 한발(855 사망)이다. 그는 사변적인 법률가라기보다는 순수한 전통주의자였으며, 쿠란이 하느님에 의해서 창조된 말씀인지의 여부를 놓고 그가 무타질라파와 벌인 불굴의 투쟁으로 말미암아 무슬림 주류가 자랑스럽게 여기는 인물이기도 하다. 그의 추종자들은 철저하게 쿠란의 말씀과 예언자의 전승에 의지했다. 그 중 가장 대표적인 인물로서 중세 후기에 활약한 이븐 타이미야(1328 사망)는 엄격한 문자주의자들의 열전 속에서도 가장 영향력있는 인물 중 한 사람이다. 한발리 법학파는 이란과 이라크에서도 활동적이지만 18세기 무함마드 이븐 압드 알-와합(1765 사망)이 일으킨 부흥운동 덕으로 아라비아 반도 중앙에 집중되어 있다. 그 이래 아라비아 반도 중앙에 본거지를 둔 사우드 가문의 지원을 받은 와하비파 무슬림들은 엄격한 한발주의를 고수하며 (비록 두 명의 대표적인 무슬림 신비가가 이 마드하브에 속하기는 하지만) 성인 숭배와 신비주의 등 모든 '혁신'을 거부했다. 와하비파는 흡연 혹은 그와 유사한 행위들도 혁신이라 하여 금했다.

이들 네 법학파는 항상 공존해 왔다. 처음 몇 세기 동안엔 여타의 마드하브들도 활동했으나 차츰 이들 주요 학파에 흡수되었다. 그 중에는 쿠란의 외면적 의미[자히르]를 강조한 자히르 법학파가 있었다. 이 학파의 창시자인 무함마드 이븐 다우드(909 사망)는 수준높은 문필가였고, 그로부터 2세기가 지난 후 "순결한 사랑"에 대해 지극히 감동적인 이론을 펼친 코르도바 출신 이븐 하즘(1064 사망)은 이 학파가 자랑해 마지않는 인물이었으며, 아마도 신지학적인 수피주의의 대가 이븐 아라비(1240 사망)도 그로부터 영향을 받았을 것이다.

무슬림들은 이들 마드하브들을 통합시킨다거나 그들의 가르침을 통일하려는 노력을 한 적이 없다. 한 하디스가 "나의 공동체 내에 이견이 존재한다는 것은 하느님께서 주신 은총의 징표이니라"라고 말하고 있기 때문이다. 또한 법학파 사이에 존재하는 차이라는 것도 사실 대부분 사소한 것들이다. 예를 들어, 어떤 사람이 악수를 통해 이성의 피부를 접촉했을 때, 아부 하니파는 우두[소정]가 필요하지 않다고 보는 반면, 나머지 세 개의 법학파에서는 그것이 꼭 필요하다고 본다.

  11세기에 처음 설립되어 발전하기 시작한 신학교[마드라사]는 흔히 네 개의 법학파 출신 판사나 학자들 모두에게 공간을 제공했다. "나의 공동체는 그릇된 결정에 대해서는 결코 합의하지 않을 것이니라"라고 예언자가 말하지 않았던가? 이 말은 이즈마[공동체의 합의]의 중요성을 지적한 것으로서 이즈마는 쿠란, 전승, 유추에 이어 네번째 법원法源이 되었다. 쿠란과 전승이 진짜임을 보증해 주는 것도 이것이다. 물론 이론적으로 볼 때 이즈마는 어떠한 전승 기록도 폐기할 수 없으나 후기 법률가들의 견해에 의하면, 초기에 언급된 이런저런 관행이 더 이상 실천되고 있지 않다는 점을 일깨워줄 수는 있다. 순니파 무슬림들의 교리에 따르면, 예언자의 지혜를 전수 받은 것은 할리파가 아니라 전체로서의 공동체였다. 산틸라나는 이를 다음과 같이 표현했다.

> 무슬림 공동체가 어떤 종교적 관행이나 신조에 합의한다는 것은, 어떤 면에서 하느님으로부터 영감과 인도를 받고 오류로부터 보호받으면서 실수 없이 진리를 향해 나아가도록 … 신자들의 공동체에 부여한 하느님의 특별한 은총에 힘입은 것이다.

그리하여 법률 전문가들인 울라마(알림[지식인]의 복수)는 전승의 보존자가 되었으며, 그러한 능력을 갖춤으로써 그들은 일종의 성직자로 여겨지기까지 했다.

초기에 이즈마는 다른 전통이나 다른 지역의 관례를 받아들이고 새로운 방안의 모색을 가능케 하는 등 창조적 역할을 했다. 그러나 이즈마의 기능은 이미 10세기말, 11세기초에 경직화되기 시작해서 변화하는 환경에 적응토록 격려하기보다는 오히려 변화를 억제하는 쪽으로 작용했다. 학자들은 이제 새로 제기된 문제를 새로운 각도에서 해결하기 위해 전통에 얽매이지 않고 쿠란과 하디스를 독자적으로 탐구하는 것이 허락되지 않았다. 오히려 많은 사람들은 "이즈티하드[법원法源에 대한 개인적인 탐구]의 문은 닫혔다"고, 그리하여 이즈마를 통해 한번 받아들여진 것은 기록된 그대로 영원히 유효한 것으로 남지 않으면 안된다고 주장했다. 그 결과 많은 중세적 관행과 사상이 그대로 보존, 전승되어 내려오면서 많은 분야에서 변화에 대한 적응력에 족쇄를 채웠다. 이러한 이유 때문에 중세에는 이븐 타이미야가, 그리고 그로부터 약 5세기 후에는 인도, 이집트, 터키의 근대주의자들이 이즈마의 장벽을 허물고 초창기의 쿠란과 순나로 되돌아가 우리 시대 내지 그들의 시대에 맞춰 이들 법원을 재해석하려 했다. 이를 통해 그들은 수세기 전에 만들어진 주석이나 합의의 껍질 밑에서 화석화되어 가고 있는 이슬람을 해방시키려 했던 것이다.

무슬림들이 어떻게 살아야 하는지는 모두 하느님과 동료 인간에 대한 신자들의 의무조항을 규정한 샤리아의 틀 속에 담겨 있다. 샤리아(넓은 길, 곧은 길)는 '인간의 행위와 관련된 하느님의 명령 그 자체'라고 묘사될 수 있으며, 그 유일한 입법자는 하느님이다. 분명 과장된 말이긴 하지만 쿠란을 통해 계시된 것은 하느님 자신이 아니라 하느님의 율법이었다는 주장까지 나왔다.

　샤리아를 다루는 학문은 피크(통찰)라고 불리며, 이는 신학에 바탕을 두고 법을 이해하는 것을 뜻한다. 이슬람에서는 삶 전체를 종교적 시각에서 바라보므로 샤리아는 당연히 종교적·제의적 의무는 물론 사적·공적 분야에 관한 법규범을 포함한다. 이러한 관점에서 예배, 단식처럼 남녀를 불문하고 모든 개인이 수행해야 하는 의무사항인 파르드 알-아인과 지하드(성전聖戰)나 모스크에서 이루어지는 금요예배처럼 충분한 수의 신자들이 참여한 경우 이행되는 의무인 파르드 알-키파야는 구별된다. 더 나아가 샤리아는 건강한 사람, 성인 남성, 혹은 분별력있는 연령에 이른 어린이 등 어떤 부류의 사람에게 어떤 의무가 '부과되어'(무칼라프) 있는지를 밝힌다.

　샤리아가 요구하는 것을 모두 지킨다는 것이 거의 불가능하다는 사실을 무슬림들은 일찍 간파했다. 그렇지만 법적으로 규정된 의무조항은 인정해야 하며, 비록 어떤 무슬림이 어떤 의무를 행하지 않거나 어떤 금지사항을 어겼다 하더라도, 자신이 샤리아에 저촉되는 짓을 했다는 사실을 알고 또 그것을 인정하기만 한다면 그는 여전히 무슬림으로 간주되었다. 단 샤리아의 정당성을 부정하는 것은 허용되지 않았다. 아무튼 다음과 같은 깁의 지적은 전적으로 공감할 수 있는 말이다.

비록 형식적일지라도 최소한의 신앙의 의무조항을 인정하기만 하면 구성원에게 이보다 더 기꺼이 최대한의 자유를 허용하고자 한, 혹은 이보다 더 포용적인 정신을 지닌 위대한 종교 공동체는 아직 없었다.

하느님의 유일성, 그리고 하느님이 최종적으로 보낸 예언자로서의 무함마드의 지위에 대한 믿음만 제외한다면, 이슬람에서는 종교적 실천이 교리적인 가르침에 매달리는 것보다 훨씬 더 중요하다. 이때문에 몇몇 오리엔트 학자들은 이슬람에 대해서 이야기할 때 '정통 교리'라는 말보다는 '정통 실천'이라는 말을 선호한다.

샤리아는 법전화된 적이 없다. 그러나 '무함마드의 종교적 가르침이 지닌 실천적인 면'을 형성하며, 또 공동체에 필수적인 것으로서 세세대대로 전수되었다. 종교판사〔카디〕는 그 이행 여부를 감독했고, 무프티는 어떤 행위가 율법에 준하는지 여부에 대해 '법률적 소견서〔파트와〕를 제출해야 했다. (여러 나라에서 보관하고 있는 파트와 기록문집은 시대에 따라 무슬림들이 어떤 문제와 씨름을 했는지를 들여다볼 수 있는 흥미로운 자료를 제공하고 있다.) 무프티직職이나 대 무프티직은 오스만 제국에 들어와서 더욱 중요시되었다.

여러 마드하브가 공존하는 지역이나 도시에서는 각 법학파에 속한 카디들이 자체적으로 판결을 내렸다. 그러나 사안이 더 유리하게 다루어지기만 하면, 자신이 속한 법학파가 아닌 다른 마드하브의 판결을 수용하는 일도 곧잘 있을 수 있었다.

무슬림 세계에 널리 퍼져 살고 있던 여러 민족의 관습법[우르프, 아다트]은 결코 사라지지 않았으며, 샤리아에 언급되지 않은 많은 사안들이 그러한 지역적인 법규범에 준해 해결될 수 있었던 것은 별로 놀랄 일이 아니다. 샤리아 중에서 사법적인 부분은 1869년 오스만 제국이 만든 이른바 메젤레 속에 처음으로 법전화되었다.

모든 행위는 다섯 범주로 분류되었다. 의무적인 행위, 바람직한 혹은 추천할 만한 행위, 아무래도 상관이 없는 행위, 바람직하지 않은 행위, 금지된 행위가 그것이다. 예를 들어 예배 전 세정은 의무적인 행위이며, 세정을 몸의 오른쪽으로부터 시작하는 것은 바람직한 행위이고, 따뜻한 물로 할지 찬물로 할지는 아무래도 상관이 없는 행위이며, 다른 사람이 사용한 물로 세정을 하는 것은 금지된 행위이다. 이러한 종교적 평가 외에도 인간의 행위는 그것이 타당한 행위인지 아닌지에 따라 분류되기도 한다.

샤리아의 사법 분야 중 상당히 복잡한 상속법은 학자들의 주의를 끌고 있다. 부계 친족에게만 유산이 돌아가는 아랍의 전통과는 달리 이슬람은 여성에게도 일정한 권리를 주었다. 그러나 딸에게는 아들에게보다 적은 몫의 유산이 돌아가는데, 이는 유산상속분 외에도 출가 때 지참금이 돌아가고, 남성들과는 달리 가족 부양 의무가 지워지지 않기 때문이다.

혼인법은 남성에게 네 명까지의 정실부인과 원하는 만큼의 첩을 허락하고 있다. 주인의 자식을 갖게 된 여성노예는 (일종의 첩으로서) 주인이 죽으면 자유의 몸이 된다.

이러한 법에도 불구하고 이슬람 세계에서 일부다처의 경우는 생각하는 것만큼 흔하지 않다. 이 경우 남편은 모든 부인을 한결같이 대해야 하나, 그것은 비록 불가능하지는 않다 하더라도 어려운 일이다. 몇몇 근대주의자들의 주장에 따르면 모든 부인을 물질적인 배려에 있어서뿐 아니라 애정이나 정서적인 배려에 있어서도 절대적으로 공정하게 대우해야 한다는 조건은 결국 일부다처의 금지를 의미한다. 하느님 외에는 그 누구도 완벽하게 정의로울 수 없다고 생각되기 때문이다. 중류 가정의 경우 여러 명의 부인을 동등하게 부양해야 한다는 것은 대단히 어려운 일이다. 그러나 첫째 부인이 아이를 못 낳는다거나 병이 드는 경우, 특히 농촌 지역에서는 연로한 부인의 가사를 돕기 위해 필요한 경우 둘째, 혹은 셋째 부인을 둘 수는 있을 것이다. 이슬람 이전의 여성의 지위와 비교하면 이슬람 법규는 엄청난 발전을 의미했으며, 적어도 법조문상으로는 여성들이 자신이 지참한 재산이나 스스로 번 재산을 관리할 권리를 갖게 되었다.

이슬람 초기만 해도 여성의 지위는 열악하지 않았다. 수세기가 지나서야 여성은 점차 집안에 갇히게 되었고 베일을 써야만 했다. 머리를 베일로 가리는 풍습은 (유대교나 초기 그리스도교에서도 널리 행해진 관행으로서) 원래 고상하고 품위 있는 몸가짐의 상징이었다. 그러나 여성들은 차츰 바깥 세상으로부터 교묘하게 격리됨으로 말미암아 권리를 빼앗기게 되었으며, 유산 상속의 경우에서처럼 쿠란의 가르침이나 강령에 근본적으로 배치되는 관념들이 지배하기에 이르렀다.

얼굴에 베일을 하고 여성이 자신을 엄격하게 격리하는 것은 대부분 중류계층에 제한된 현상이다. 이 점에 있어서 극단적으로 보수적인 이들은 전통적인 가문의 여인들이며, (특히 인도-파키스탄에서는) 사이드, 즉 예언자의 딸 파티마 가문의 후손들이 더 철저하다. (적어도 인도 무슬림 사회의 경우, 이들은 이외에도 수많은 금기사항을 지켜야 한다.) 농촌 지역에서는 여성들도 밭에서 일을 해야 하므로 엄격한 격리나 베일의 착용은 불가능했다. 오늘날 (페르시아어 파르다[베일]에서 유래하여) 일반적으로 푸르다라고 불리는 여성 격리제도는 무슬림 건축에도 반영되어 여성이 거주하는 공간이 아예 위층에 위치하거나 별도로 분리된 공간이 주어지기도 한다. 외간남자들에게 노출되지 않은 채 여성들이 마음놓고 활동할 수 있도록 안마당이나 조그만 후원이 마련되어 있는 집도 흔하다. 여성 방문객이 다른 사람의 눈에 띄지 않고도 안채로 들어갈 수 있도록 별도의 입구가 있는 경우도 흔하다.

집안에서의 여성, 특히 어머니의 지배는 절대적이다. 이슬람사를 살펴보면 하디스 전수자로서, 뛰어난 서예가로서, 또는 시인으로서 여성들이 결코 지적으로 무기력하지 않았음을 알 수 있다. 처음으로 접한 계시로 인해 무함마드가 충격 속에 있을 때 그를 격려해 주었던 첫째 부인과 마찬가지로, 그의 가장 어린 부인 아이샤도 하디스의 전수에 있어서나 정치적으로 상당히 중요한 역할을 했다. 바스라 출신 라비아(801 사망)는 대단히 영향력있는 신비주의자였으며, 13세기 델리의 여술탄 라지야나 이집트의 샤자라트 앗-두르, 19~20세기 보팔국의 베굼¹들 등은 자신이 소속된 나라의 정치계에서 중요한 역할을 했다. 이밖에도 왕비나 왕녀들이 문화 발전에 기여했다. 이슬람 문화에 여성적 요소는 분명히 존재했다.

결혼할 때 여성은 왈리[보호자, 후견인]를 내세운다. 중매결혼이 전통적인 방식이며 흔히 이종사촌간에 결혼한다. 특히 신분이 높은 가족이거나 사이드의 경우에는 더욱 그러하다. 결혼과 관련하여 수많은 풍습이 있으며, (많은 집안을 궁핍으로 내몰 정도로) 성대한 축연 속에 이루어지지만, 결혼에 있어서 가장 중요한 부분은 지참금과 마흐르[혼수]의 액수와 규모를 정하는 계약이다. 이슬람에 있어서 결혼은 성례聖禮가 아니라 일반적인 계약관계이기 때문이다. 몇몇 법학파에서는 (남편이 광기를 부린다거나 행실이 바르지 않은 경우와 같이) 일정한 사유가 있을 경우, 여성이 그 혼인을 일방적으로 파기시킬 권리를 가진다는 조항을 넣을 수도 있다.

세속주의 국가인 터키에는 이른바 이맘 니카히라는 것이 있다. 이는 시정 당국에 의해서가 아니라 단지 이맘에 의해서 증명된 혼인을 말한다. 이것은 어떤 남성이 둘째 또는 셋째 부인을 두고자 하는 경우 주로 시골 지역에서 이루어지는 관행으로서, 1925년 아타투르크(1938 사망)가 도입한 스위스 법조문에 따르면 불가능한 것이다. 이란에서는 쉬아의 법규범에 따라 무타라고 부르는 임시혼臨時婚이 허용된다. 그 기간은 계약에 의해 정해지며 며칠 혹은 여러 해가 될 수도 있다.

---

¹ Begum: 인도 이슬람 왕국의 왕비나 귀부인을 일컫는 말.

일반적으로 여성은 사회적 신분이 대등하지 않은 남성을 남편으로 맞지 말아야 하며, 특히 지위가 낮은 출신의 남성은 안된다. 사이드 출신 여성은 사이드 출신 남성과만 결혼해야 한다. 남성은 아홀 알-키탑, 즉 그리스도인, 유대교인, 조로아스터교인 — 혹은 인도에서는 힌두교인 — 과 결혼할 수 있지만 여성은 무슬림만 배우자로 맞을 수 있다. 간혹 터키 여성이나 아랍 여성과 결혼하기 위해 유럽인이나 미국인이 이슬람으로 개종을 하는 것은 이때문이다.

남편은 (일방적으로) 이혼을 선언할 수 있는데, 이때 그 이유는 밝히지 않아도 된다. 법적으로 정해진 대기 기간 — 즉, 세 차례의 월경 — 이 경과하기 전이라면 그는 부인을 다시 불러들일 수 있다. 이 기간이 지난 후 만약 그가 세 번에 걸쳐 탈라크[이혼선언]를 하면 이혼은 성립하게 된다. 이후 같은 여인을 다시 아내로 맞이하는 것은 그녀가 이혼 후 다른 사람과 결혼한 적이 있어야만 가능하다.

노예제도는 쿠란에 의해서 폐지되지는 않았지만 신자들은 노예에게 잘 해주라는 훈계를 끊임없이 받았다. 병이 난 경우 주인은 그 노예의 치유를 위해 힘써야 한다. 노예를 해방시켜 주는 것은 대단히 칭찬받을 만한 행위이다. 노예는 자신이 개인적으로 번 돈을 얼마간 몸값으로 지불해서 자유의 몸이 될 수도 있다. 노예로 만들 수 있는 사람은 전쟁포로나 노예의 자식에 한정되며 자유인으로 태어난 무슬림은 절대로 노예로 만들 수 없다. 그러므로 이론적으로 볼 때 노예제도는 이슬람의 확장과 함께 사라질 운명에 있었다. 이슬람 역사를 살펴보면 노예는 어떠한 지위에도 오를 수 있었음을 알 수 있다. 보통 중앙아시아 지방의 터키 사람들 중에서 충원된 노예병 출신 중 많은 인물이 군의 지도자가 되었고, 이란 북부나 (델리 노예 왕조가 있던) 인도 또는 (맘룩 왕국이 지배한) 중세 이집트에서 그랬던 것처럼, 그들은 심지어 통치자가 되기도 했다. 환관 역시 여성들이 기거하는 내궁을 지키는 근위병으로서뿐만 아니라 행정부나 군부의 요직에서 활동했다.

형사법에는 네 가지 종류의 형벌이 있다.

1) 탈리오〔동태복수법〕: 법정에서 (고의적으로 살인했다는) 범죄행위가 밝혀진 경우 피고인은 사형이나 절단형에 처해질 수 있다.
2) 법정이 사형언도를 피하는 경우 피고인은 디야〔위자료〕를 지불해야 한다. 죽은 사람이 여성인 경우엔 죽은 사람이 자유민으로서 남성이며 무슬림인 경우 지불해야 하는 위자료의 반, 그리스도인이나 유대교인인 경우는 그 3분의 1을 지불해야 한다. 이외에도 피고인은 (정신적으로도) 속죄해야 한다. 그는 인간의 권리뿐만 아니라 하느님의 권리도 범했기 때문이다.
3) 특정한 범죄행위에 대해서는 법적으로 확고하게 정해진 처벌이 기다리고 있는데, 절도행위의 경우 오른쪽 손목을 절단하는 것이 그 예이다.
4) 끝으로 법관은 인간적 판단에 따라 판결문을 통해 처벌을 명할 수 있다. 이 경우에도 인간의 권리를 범했는지 아니면 하느님의 권리를 범했는지가 구분된다. 그러나 가능한 한 남에게 불리한 증언은 삼가고, 또 가능하면 자비를 베풀도록 권장하고 있다.

자유민으로서 성인이 간통했을 경우 100대의 채찍형에 처해지며, 가장 엄한 법학파에서는 죽을 때까지 돌팔매질을 하도록 하고 있다. 그러나 간통 사실을 입증하기 위해서는 행위를 세세하게 지켜본 것이 분명하다고 판단되는 네 명의 흠잡을 데 없는 증인이 있어야 하는데, 이 조건은 사실상 그와 같은 엄벌을 불가능하게 한다. 그러나 바로 이 조건 때문에 증인이 없는 곳에서 행해진 강간범의 처벌을 기대할 수가 없으며, 심지어 깡패에 의해 공공장소에서 강간이 행해진 경우에도 기꺼이 증언을 하겠다고 나서는 사람을 찾기가 힘들다. 물론 이성 관계에 관한 엄격한 규범으로 인해 여성이 아주 가까운 가족원이 아닌 남성과 단둘이만 있는 경우는 거의 없다. 부족 단위로 몰려 사는 지역에서는 외간남자와 불륜 관계를 맺었다는 의혹을 받은 여인을 가문의 명예를 지키기 위해서라며 그 친척들이 죽이는 경우가 있으나 이는 샤리아와는 무관하다.

공법公法을 다루는 샤리아 부분은 우선 국가와 할리파제制의 개념에 대해 규정하고 있는데, 상당 부분 이론적인 수준에 머물러 있다. 무함마드의 후계자로서 전쟁이나 예배시 공동체를 이끈 할리파는 원래 종교적인 권위를 거의 갖고 있지 않았으며, 그것은 울라마들에 속해 있었다. 순니파에서는 예언자를 배출한 쿠라이쉬족에게 할리파위가 주어져야 한다고 하지만, 이것마저도 오스만 할리파의 등장으로 실제와 다르다.

할리파들은 10세기 중반에 실권을 잃었다. 이후 할리파가 누린 권리는 그의 이름이 금요일 설교 때 언급되고 동전에 새겨지는 것이 거의 전부였으며, 실권은 흔히 "신자들의 군주이신 분을 보좌하는 사람"이라고 자칭한 세속적인 지방 통치자들이 장악했다. 한편 929년에는 스페인의 우마이야조가 할리파조를 선언했고, 또 다른 한편에서는 969년 이집트를 정복한 북아프리카의 파티미조도 예언자의 딸 파티마를 통해 그의 후예라고 주장하며 제3의 할리파조를 창건했다.

  1258년, 몽골이 바그다드의 압바스 할리파조를 무너뜨렸을 때, 카이로로 도주한 사람들 중에 압바스조 마지막 할리파의 후손이라고 칭한 인물이 있었다. 그와 그의 자손은 맘룩의 지배에 정통성을 부여하는 데 기여했다. 1516년, 이집트와 시리아가 오스만 제국에 의해 정복되면서 이스탄불로 호송되어 온 '압바스조'의 마지막 할리파는 오스만 제국의 술탄에게 할리파위를 양위했다고 한다. 1774년, 큐츄크 카이나르카 조약에 의해 크리미아 반도가 러시아에 양도될 당시, 오스만 술탄은 "무함메단들의 위대한 할리파"로 지칭됨으로써 오스만 제국 외부세계로부터도 무슬림들의 정신적 지도자라는 종교적 예우를 받게 되었다. 이 칭호는 19세기 말 술탄 압둘 하미드 1세(1908 퇴위)가 자신의 범이슬람적인 정책을 고취하기 위해 이용하기도 했다. 무스타파 케말 아타투르크가 1차대전 후 터키에서 술탄위를 폐지했을 때, 할리파위는 잠시 그대로 두었다. 그러나 그의 개혁은 마침내 1924년 3월 3일 할리파위의 폐지로 귀결되었다. 이 사건은 할리파위의 장래에 대해 그전에 있어 온 무수한 이론에 종지부를 찍었을 뿐 아니라, 모든 신자들의 정신적 수호자로서 오스만 할리파에게 충성을 표한 인도 무슬림들의 할리파 운동에도 철퇴를 가하는 결과를 초래했다.

실패로 끝난 할리파 운동은 인도 무슬림들 사이에서 일어난 최초의 '독립운동'이었다.

샤리아는 비무슬림들에 대한 무슬림의 태도도 다루고 있다. 이슬람이 주로 칼과 불을 통해 세계로 뻗어나갔다는 세간의 인식은 더 이상 유지될 수 없다. 신앙을 위한 투쟁, 즉 지하드가 이슬람의 여섯째 '기둥'이 될 수도 있을 듯 보인 기간이 짧게 있었던 것은 사실이다. 지하드는 '(하느님의 길에서) 전력을 기울인다'는 의미이다. '성전' 聖戰이란 개념은 자신의 군사 원정을 그렇게 불렀던 십자군으로부터 유래했으며, 이슬람 고전에는 이런 단어가 없다. 오히려 수라 2/257에 "종교에는 강제가 없다"라고 명시되어 있는 만큼 지하드는 (처음부터) '기둥'이 될 수 없었다. 또 쿠란 속에는 무함마드가 라흐마탄 릴-알라민〔여러 세상의 (주민들에게 보낸 하느님의) 자비〕이라는 말이 있다. 초창기의 쿠란 구절은 무함마드를, 하느님의 계시라는 축복이 없던 아랍 동포에게 보낸 예언자로서 소개했다. 유대교와 그리스도교의 경전 중 후대의 교인들에 의해 변조된 부분을 시정하는 것과 관련된 그의 역할이 쿠란 속에 언급된 것은 이후의 일이다. 추론할 수 있듯이, 이러한 생각은 진정한 말씀을 세상에 전파해야 한다는 선교의 정당성을 함축하고 있다. 메디나에서 계시된 약간의 수라는 진정한 신앙을 위한 전쟁의 문제를 다루고 있으나, 이것은 주로 침략자나 배교자들을 상대로 한 전투로 이해할 수 있다. 한편 수라 9/29는 다음과 같이 적고 있다. "하느님과 최후의 날을 믿지 않고, 하느님과 예언자가 금한 것을 금하지 않고, 참된 신앙을 인정하려 하지 않는 자들은 성서를 가진 백성이라 하더라도 공손하게 인두세를 낼 때까지 투쟁하라."

계시된 경전을 가진 사람들은 아흘 알-키탑[성서의 백성]이라고 부르며, 여기에는 유대교인, 그리스도인, 조로아스터교인, 그리고 사비교인이 포함되어 있다. 그들을 살해해서는 안 되고, 강제로 개종시켜서도 안되며, 다만 일정한 세금을 내도록 해야 한다. 그럼으로써 그들은 무슬림들에 의해 보호받을 권리를 갖게 되며 딤미라고 불리는데, 이는 딤마[보호]에서 나온 말이다. 그러므로 이들은 병역에서 면제된다. 그러나 불신자나 계시된 경전을 지니지 않은 우상숭배자들과는 그들이 이슬람을 받아들일 때까지 싸워야 한다. 인더스 계곡 하류를 점령한 젊은 장수 무함마드 이븐 알-카심(716 사망)은 그래서 712년 이 새로운 점령지의 힌두교인과 불교인들도 근동 지방의 유대교인이나 그리스도인과 동등하다는 내용의 대단히 지혜로운 선언을 했다. 그렇지 않은 경우 "거대한 무쇠솥 속에 들어간 한줌의 소금"과도 같았던 소수의 무슬림들이 인도 아대륙, 그 넓은 지역을 통치한다는 것은 불가능했을 것이다.

사람의 머릿수에 따라 내야 하는 세금[지즈야] 외에도 딤미들은 일정한 토지세[하라즈]를 내야 했다. 그들은 또한 의상에 있어서도 무슬림들과 구별되었다. (황색은 이미 그 당시에도 유대인들이 착용한 색이었다.) 딤미는 무슬림 법정에서 증언할 수 없으나, 비무슬림 공동체들은 랍비든, 추기경이든, 혹은 다른 누가 책임을 지든 종교 지도자에 의해 관장되는 독자적인 행정체제를 갖고 있었다. 이슬람 지역에서는 새로운 교회나 회당(시나고그)을 건립할 수 없다. 그러나 기존의 건물을 개보수하는 데는 어떠한 제약도 가해지지 않았다.

비무슬림들과의 투쟁의 필요성 때문에 이 세계는 이슬람의 땅[다르 알-이슬람]과 전쟁의 땅[다르 알-하르브]으로 양분되었다. 후자는 아직 무슬림 통치하에 있지 않은 지역이거나, 더 이상 그들의 통치하에 있지 않은 지역을 의미한다. 그러한 지역에서는 금요예배가 거행되어서는 안된다. 한때 무슬림들이 지배했던 지방에 대한 영국의 통치력이 점점 더 넓어지면서 이 문제는 19세기, 특히 인도 무슬림들 사이에서 자주 논의되었는데, 영국령 인도를 다르 알-하르브로 간주해야 할지에 대해서는 의견이 분분했다. 이것은 오늘날 유럽이나 아메리카에 거주하는 몇몇 근본주의적 무슬림들의 가슴속에 맴돌고 있는 문제이기도 하다. 그러나 대부분의 무슬림들은 무슬림이 통치하지 않는 지역에서 금요예배를 이행하는 것에 아무런 문제가 없다고 생각하는 듯하다. 이는 서방세계의 모든 지역에서 점점 더 많은 숫자의 모스크가 보여주고 있는 추세이다.

강제적인 개종은 예나 지금이나 극히 드물다. 실제 초창기에는 개종을 탐탁치 않게 여기기까지 했는데, 딤미들에게 부과되는 특별세가 재정에 큰 도움을 주었기 때문이다. 그러나 실용적 동기에서 한 개종에 대해서는 자주 언급되고 있다. 그러나 비무슬림이라고 해서 직업적 제약이 있었던 것은 아니다. 이들 중에는 궁정에서 고위직에 오른 인물들도 많았다. 그리스도인이나 유대교인은 의사로서 존경을 받았으며, 행정부에서는 이들을 재정전문가나 사무행정가로 발탁했다. 특히 이집트나 시리아에서는 그리스도인들이 이 분야에 오랜 경험을 갖고 있었다. 심지어는 예언자가 남긴 말이라며, 무슬림들을 세속적 업무로부터 자유롭게 해서 더 경건한 생활을 영위하도록 도와주는 것이 콥트인에게 주어진 역할이라는 이야기까지 있었다. 중세에 활약한 많은 의사와 은행가들이 유대인이었다는 사실도 잊어서는 안될 것이다. 스페인의 경우가 전형적인 듯한데, 스페인 탈환의 여파로 유대인들이 현지에서 추방되었을 때, 그들이 오스만 제국을 피난처로 택한 것은 바로 무슬림 정부가 그들을 딤미로서 보호했으며, 또 그들이 생업을 계속할 수 있도록 해주었기 때문이다.

그러나 배교행위는 극형에 처해진다. 무르타드〔배교자〕는 "하느님의 노여움과 엄벌을 각오해야" 한다고 (수라 16/108 등) 쿠란에 명시되어 있다. 수많은 하디스도 그러한 사람에 대한 극형의 예를 말하고 있으며, 피크에서는 참수형에 처하도록 규정해 놓고 있다. 이슬람에 대한 믿음이 가슴속에 확고하기만 하다면, 강제력에 의한 배교는 대부분의 울라마들이 배교로 간주하지 않는다. 그러나 '예언자를 비방하는' 범죄가 사형에 해당하는지의 여부는 수세기 동안 논란이 되고 있는 문제이다.

신학과 철학

이슬람과 그리스도교 사이의 불화는 양측에서 제기한 수많은 논박과 호교론적 저술에 반영되어 있다. 두 종교간의 갈등은 쿠란 속에 포함되어 있는 예수에 관한 여러 가지 언급이 무슬림들에게는 하느님 자신의 가르침으로서 논의의 여지가 없는 절대적인 진리인 반면, 그 내용이 몇 가지 점에 있어서 그리스도교의 교리와 어긋나기 때문에 더욱 고조되었다.

쿠란은 동정녀 출산을 사실로 인정한다. 예수는 하느님이 마리아에게 잉태시키신 '말씀'이다. 그러나 이것은 예수를 '하느님의 아들'이라고 불러야 한다는 것을 의미하지는 않는다. 오히려 예수는 무함마드 이전 시대에 마지막으로 부름받은 위대한 예언자이자 (인류의 병을 고치는) 치유자였고, 신성한 지위를 결코 탐하지 않는 사랑과 가난과 겸손의 사표였다. 마리아는 지상에서 살았던 가장 위대한 네 여성 중 한 명이었다.

적어도 이슬람의 전통적 가르침은 이렇게 말하고 있다. 다른 아담의 자녀들과 달리 그녀는 사탄이 건드리지 않았다. 그녀는 사람들의 사랑을 한몸에 받았으며, 마울라나 루미의 위대한 페르시아 서사시「마트나위」(제3권 3700쪽 이하)에 실린 성모 수태[1]에 관한 심금을 울리는 이야기는 성처녀를 찬양하기 위해 그리스도인이 쓴 그 어떤 걸작시와 비교해도 손색이 없다.

쿠란은 예수의 생에 대해 단편적으로만 언급했다. 후기 전승 자료에서와 마찬가지로 여기에는 진흙으로 빚은 새에 입김을 불어넣어 생명을 주는 그의 능력과 같이 외경을 통해 알려진 일화가 반영되어 있다. 한마디 덧붙이면 이 이야기는 페르시아어, 아랍어, 터키어, 우르두어로 쓰어진 시에 무수히 사용된 소재의 근간을 이루었다. 생명을 주는 예수의 입김과 비유되는 연인의 입김 혹은 입맞춤이 그것이다. "예수가 입김을 불어넣었다"라는 말은 곧 '치유했다, 생명을 주었다'를 의미한다.

그러나 십자가에서의 죽음을 쿠란은 인정하지 않는다.

> 그들은 그를 죽이지 않았으며, 그를 십자가에 못박지 않았느니라. 단지 그렇게 보였을 뿐이니라(수라 4/157).

그러므로 십자가가 그리스도교 신앙에서 차지하는 중요성을 무슬림들은 결코 이해할 수 없었으며, 이슬람에서는 원죄의 개념을 모르므로 대속의 필요성은 더욱 인정될 수 없었다. 근

---

[1] 천사 가브리엘이 성모 마리아에게 예수의 잉태를 알려준 사건. '성모 영보' 혹은 '성 수태고지' 축일이라고 부르는 3월 25일은 이를 기리는 날이다.

대에 출현한 아흐마디야파의 가르침에 의하면, 예수는 자기 대신 다른 사람이 십자가에서 죽은 후 카슈미르 지방으로 이주했고, 그의 무덤은 그가 고령으로 세상을 하직한 스리나가 인근에 있다고 한다. 이로써 아흐마디야파는 그리스도인들과 무슬림들이 모두 인정할 수 없는 입장을 취하고 있다.

무슬림 지식인들은 현대적인 성서의 역사비평적 연구에 대해서 그것이 구약과 신약에 변조가 있었다는 쿠란의 주장에 대한 증거라고 흔히 생각하고 있다. 그들은 무함마드의 출현에 대한 예언을 여러 군데의 성경 구절, 특히 그리스도 이후 언젠가 위로자로서 '파라클레토스'가 오리라고 한 약속에서 찾았다.[2] 이 언급은 항상 무함마드를 지칭하는 것으로 간주되었다. 왜냐하면 수라 61/6에는 아흐마드(지극히 찬양받는 분), 그리스어로는 페리클레토스에 대한 말이 있는데, 무슬림 학자들은 이것이 곧 파라클레토스를 의미한다고 했다. 이 지극히 찬양받는 분(아흐마드), 곧 무함마드는(아흐마드와 무함마드 두 단어의 어간은 동일하다) 완전하고 최종적인 계시를 가져오도록 되어 있었다는 것이다.

초기 교회의 교리 발전에 그토록 핵심적이었던 예수의 본성에 관한 문제는 어떤 면에서 이슬람의 교리 발전에도 영향을 미쳤다. 하느님의 말씀으로서 "창조된 것이 아니라 태어났다"는 의미에서 붙여진 예수의 호칭 로고스는 쿠란에 관한 이슬람의 이론에 영향을 미쳤음이 거의 확실하다. 무슬림들도 쿠

---

[2] *Parakletos*: 요한 복음 14, 15 등 참조.

란을 창조되지 않은 하느님의 말씀으로 간주한 것이다. 현상학적으로만 본다면 쿠란은 그리스도가 그리스도교에서 차지하는 것과 동일한 지위를 이슬람 교리 속에서 차지하고 있다. 그래서 해리 울프슨은 "말씀이 육신이 되었다"는 그리스도교의 육화肉化 개념과 대비시켜 "말씀이 책이 되었다"라는 서화書化 개념을 주조하기도 했다. 무함마드에게 붙여진 움미라는 칭호를 신학자들이 강조하는 이유가 여기도 있다. 처음에는 "이교도들에게 보내진 예언자"를 의미했던 것으로 보이는 이 용어는 '문맹'文盲으로 해석되었다. 말씀의 육화을 위한 순수한 용기容器로서 마리아가 처녀여야 했던 것과 마찬가지로 예언자도 말씀의 서화를 위해 외부적인 지식으로부터 때묻지 않은 그릇이어야 했던 것이다. 즉, 쿠란은 단순한 한 권의 책 그 이상이라는 의미이며, 그래서 무슬림들은 다음과 같은 기도를 올린다.

주여,
쿠란의 보석으로 저희들을 치장해 주시고
쿠란의 은총으로 저희들을 축복해 주시고
쿠란의 영예로 저희들을 영예롭게 해주시고
쿠란의 예복으로 저희들을 입혀 주시고
쿠란의 중재로 저희들이 낙원에 들게 해주시고
쿠란의 명예를 위해 저희들을 이 세상의 악과
저 세상의 고통으로부터 자유롭게 해주시고
…

주여,
당신의 자비와 친절과 은총을 통해
쿠란으로 하여금 이승에서는 저희들의 동반자가
무덤 속에서는 벗이
부활의 날에는 친구가
(저승으로 가는) 다리 위에서는 등불이
낙원에서는 동반자가
(지옥에서는) 유황불을 막는 가리개가
그리고 모든 선행의 길잡이가 되게 해주소서!

그러나 여기서 강조되어야 할 점은 쿠란에 대한 이런 극진한 존경도 무함마드의 지위에는 영향을 미치지 못한다는 사실이다. 최후의 사자로서 그는 다른 모든 인간 위에 자리잡고 있으며, 무슬림들은 무함마드와 매우 친밀한 관계를 맺고 있다.

쿠란의 본성에 관한 문제는 이슬람 교리의 또 다른 주요 주제와 직결되어 있다. 딘 와 다울라[종교와 국가]라는 두 분야를 모두 포함하는 이슬람의 복합적 성격은 종교·정치적으로 근본적인 문제를 제기하는데, 그것은 예배나 전쟁에서 누가 공동체의 지도자[이맘]인가 하는 문제이다.

657년, 시핀 전투에서 예언자의 사촌이자 사위였던 제4대 할리파(656~661 재위) 알리 이븐 아비 탈립은 훗날 우마이야조의 초대 할리파로 즉위할 자신의 적 무아위야를 마주하고 있었다. 패색이 짙어지자 무아위야는 전투의 승패를 하느님의 말씀을 통해 정하자는 의미에서 병사들로 하여금 쿠란이 적힌

천 조각을 창끝에 꽂아 앞세우도록 했다. 알리는 승리가 눈앞에 있었지만 이 중재안을 받아들였다. 그리고 이로 말미암아 한 무리의 무슬림들이 그의 진영에서 이탈하게 되었다. 그들에게 중요한 문제는 공동체의 지도자인 이맘이 어느 정도까지 윤리적인 자질에 의해 평가될 수 있는가 하는 것이었다. 근본적인 질문은 신앙과 행위의 관계에 관한 것이었다. 이탈한 무리, 하와리즈파(하라자[떠나다, 이탈하다]로부터 유래) 무슬림들은 그들의 이전 지도자였던 알리에게 대항했다. 그가 철두철미하게 하느님의 결정에 의존하려 하지 않고, 대신 인간의 술책을 받아들였다는 것이다. 하와리즈파는 행위가 없으면 신앙도 없다는 입장을 고집하는 '윤리지상주의자들'이라고 부를 수 있다. 그러므로 그들은 선행에 의해 신앙이 커질 수 있다고 주장했다. 의례를 행할 때는 외면적인 청결뿐만 아니라 의식도 깨끗해야 한다. 중죄를 범한 사람은 더 이상 무슬림으로 간주될 수 없으며 지옥에서 영원한 형벌을 받아 마땅하다. 중죄에 속하는 것으로는 우상숭배, 요술, 살인, 고아의 재산 횡령, 고리대금, 탈영, 무슬림 여성 강간 등이 있다.

이들 타협을 모르는 하와리즈파는 신앙인으로서 너무 느슨하다고 여겨지는 사람들을 가차없이 질타했던 소수의 신자들로 구성되었으며, 이들은 "선행을 장려하고 악행을 삼가도록 하라"는 쿠란의 지시를 극단적으로 적용했다. 그들은 자신들만이 참된 신자이며 다른 모든 사람들은 그들의 미지근한 태도 때문에 불신자들이며 죽여 마땅하다고 여겼다. 할리파직에 대해서는 "비록 아비시니아 출신 노예"일지라도 상관이 없으

나. 그 직은 결점이 전혀 없는 무슬림에 의해서만 수행되어야 한다고 했다. 이러한 엄격함으로 말미암아 하와리즈파는 주류에서 떨어져나가 북아프리카나 오만 등 주로 이슬람 세계의 변두리에서 살아남을 수 있었다. 이들 청교도적인 그룹은 이바디라고 불린다.

순나와 자마아의 백성들, 즉 '신자들의 무리', 순니파 무슬림들은 중도를 유지하려 노력했다. 깁H. A. R. Gibb은 순니파 무슬림에 대해 다음과 같이 썼다.

> 스스로 제외되기를 원한 종파, 그러다가 결국 스스로 자신을 제외시킨 종파 이외의 어떠한 종파도 이 보수적인 공동체로부터 제외되지 않았다 … 라고 말해도 엄정한 진실의 테두리에서 크게 벗어난 것이 아닐 것이다.

깁이 여기서 표현한 원칙은 이슬람 역사의 초창기에 벌써 그 주창자가 있었다. 이 원칙은 이른바 무르지아파〔(판단을) 유예한 사람들〕에 의해 견지되었다. 이들의 관점은 (무리에서 스스로 제외되기를 원한) 하와리즈파의 견해와 정반대였다. 무르지아파 무슬림들은 사람들의 신앙심에 대한 판단은 하느님에게 맡겨야 한다고 했다. 그들의 견해에 따르면 신앙은 행위를 통해 증가하거나 감소하는 것이 아니라 정신상태의 문제이다. 더 나아가 중죄인일지라도 불신자가 아니며, 따라서 지옥에서 영원한 형벌을 받지는 않을 것이다. 이러한 유의 문제는 쿠란 속에서 체계적으로 다루어지지 않았다. 또한 무함마드는 예언자였으며 현학적인 학자가 아니었으므로 계시된 가르침을 체계화하려는 노력을 결코 하지 않았다. 그러므로 의견을 달리하는 집단은 제각기 쿠란이나 하디스 속에서 자신들의 견해에 일치하는 구절을 찾아낼 수 있었다. 이는 특히 오늘날까지도 무슬림들이 마음놓지 못하고 있는 문제, 즉 운명의 문제에서도 마찬가지이다. 인간은 자유로운 존재인가, 아니면 그의 행위는 예정되어 있는가? 쿠란은(수라 3/139)

> 그리고 이 세상의 상을 원하는 자,
> 그에게 우리는 그것을 주느니라.
> 그리고 저 세상의 상을 원하는 자,
> 그에게 우리는 그것을 주느니라.
> 그리고 실로 우리는 감사하는 자에게 상을 주느니라.

라고 하는가 하면, 다른 한편(수라 74/34 등)에서는

> 이와같이 하느님은 당신이 원하는 자를 잘못에 버려 두시고,
> 또 당신이 원하는 자를 바르게 이끄시느니라.

라고 말한다. 초기 무슬림들 중 자브리야파(자브르〔강제〕로부터 유래)라고 불린 일파는 나중에 인용한 쿠란의 가르침을 받아들여 심지어 손끝하나 움직이는 것까지 모두 예정되어 있다고 생각했다. 그런 태도가 우마이야조의 통치자들을 기쁘게 했다는 사실은 이해하기 어렵지 않을 것이다. 대중들로부터

각광받지 못하는, 심지어 사악하기까지 한 정치행위조차도 이미 예정되어 있는 것으로 쉽게 설명될 수 있었기 때문이다. (후기의 많은 신학자들과 신비가들이 운명예정설을 태만과 죄에 대한 손쉬운 변명이라고 여긴 이유가 여기에 있다.)

이들과 정반대의 입장에 선 이들은 카다리야파(카다르〔결정하다〕에서 유래)라고 불린 무슬림들로서 이들은 인간이 자신의 의지에 따라 행동할 능력을 지녔으며, 따라서 자신의 행위에 대해서 책임을 지게 된다고 했다.

하와리즈파와 무르지아파 사이에서 무타질라파〔삼가는 사람들, 자신을 분리시킨 사람들〕가 태어났다. 중죄인의 문제와 관련해서 이들은 중도적인 입장을 취했다. 이들에 따르면 중죄인은 신자도 불신자도 아니다.

예전에는 무타질라파를 흔히 이슬람 '자유사상가'라고 불렀다. 그러나 이것은 정확하지 않은 표현이다. 그와는 반대로 그들의 관심은 대단히 심각하고 지극히 종교적인 것이었다. 비록 그들이 신학적인 논쟁에서 주된 부분을 이성에 호소했지만, 윤리적인 문제에 있어서는 카다리야파와 입장을 같이했다. 즉, 그들은 인간의 자유의지와 책임을 인정했다. 그들의 주된 관심사 중 하나는 이란으로부터 침투해 들어오기 시작한 이원론적인 영향으로부터 이슬람을 방어하는 것이었다. 8세기부터 10세기초까지 무타질라파는 다양한 분파를 형성하며 이슬람 교리의 정립을 향한 여정에서 지극히 중요한 역할을 했다. 그들의 앞에 놓인 도전은 예언자 생존시부터 메디나를 중심으로 구축된 단순하고 경건한 전통과 헬레니즘적인 전통의 영향을 받은 세련된 문명의 요구 사이에서 타협점을 찾는 것이었다. 이슬람 제국의 팽창과 더불어 무슬림들은 새로이 정복된 지역에서 수많은 문화적·문학적·정치적·종교적 전통에 노출되었고, 이는 학자들에게 많은 과제를 안겨주었다. 단순하고 명확한 쿠란과 하디스의 명제들을 철학적으로 설득력있는 교리의 틀 속에 담는 작업이 요구되었던 것이다.

이슬람 지역, 특히 이제 할리파 정부가 들어선 이라크 지역에서 있었던 최초의 심각한 신학적 위협은 이란의 이원론이었다. 이러한 경향의 출현에 일역을 담당한 것은 분명 마니교의 침투였다. 중앙아시아에는 이미 수세기에 걸쳐 마니교가 퍼져 있었기 때문이다. 784년부터 785년 사이에는 진디크(조로아스터교 경전 「아베스타」의 주해서인 「잔드」에서 유래)라고 불린 사교 집단에 대한 박해가 있었다. 이란의 이원론적 경향에 대처하기 위해 무타질라파는 하느님의 유일성[타우히드]에 대한 믿음을 최대한 분명한 형식으로 공식화할 필요가 있다는 점을 강조했다. 그들에게 타우히드는 하느님과 하느님의 피조물 사이에는 그 어떤 유사성도 절대 불가능하다는 것을 의미했으며(이는 쿠란에 있는 '하느님의 얼굴', '하느님께서 내려오셨다' 등의 표현을 문자 그대로 이해한 듯한 기존 학파가 취한 유치한 신인동형설에 반대되는 견해였다), 그와 같은 쿠란의 표현은 알레고리로 해석되어야 한다는 것이 무타질라파의 주장이었다. 하느님의 속성들에 관해 말한다면, 그것은 하느님의 본질과 동일하다. 하느님과 같이 영원한 존재는 달리 있을 수 없다. 그것은 유일하신 그분에게 어떤 동반자를 인정하는 것이나 마찬가지이기 때문이다. 그러므로 그분의 듣고, 보고, 말하는 등의 속성은 본래적일 수 없다는 것을 받아들여야 한다. 그렇지 않으면 그분 이외의 그 어떤 것이 영원 전부터 존재했다는 말이 되기 때문이다. 따라서 쿠란은 '창조되지 않은' 하느님의 말씀이 아니라 창조가 된 것이어야 한다는 것이 논리적인 귀결이었다. 이것이 바로 무타질라파와 기존의 구태의연한 교조적 입장을 고수한 학자들 사이에 길고 첨예한 신학적 투쟁을 야기한 문제였다.

무타질라파 교리에서 둘째로 중요한 관점은 하느님의 정의 正義[아들]였다. 하느님은 정의롭게 행위할 수밖에 없다. 하느님은 인간에게 선을 악으로 되갚을 수 없다. 심지어는 동물들까지도 그들이 이 지구상에서 당한 부당함에 대해 다른 세상에서 보상을 받지 않으면 안된다. 그러나 (그들이 말한) 정의는 인간의 이성을 기준으로 했으므로 인간은 자유로운 반면, 하느님은 자신의 정의에 발목이 잡혀 자유롭지 못하다는 (신학적) 위험에 직면하게 되었던 것이다.

827년, 압바스조 할리파 마문은 무타질라파의 교리를 공식적으로 받아들였다. 무타질라파 교리는 그의 뒤를 이은 두 할리파 치하에서도 권위를 누렸다. 기존 입장을 고수한 사람들, 특히 아흐마드 이븐 한발은 박해를 받았다. 더 나아가 현학적인 무타질라파의 교리 규정을 이해하려 하지 않거나 거부한 사람들은 가끔 불신자로 취급되기도 했다. 무타질라파는 따뜻한 인격적 신앙을 지적 사변으로 대체했던 것이다. 결국 할리파 무타와킬(843~861) 재임시 무타질라파의 권위는 꺾였고 쿠란이 창조되었다는 그들의 교리는 이단으로 규정되었다.

이들 두 사조 사이에서 벌어진 격렬한 사상적 투쟁은 알-아샤리(935 사망)에 의해 어느 정도 극복되었다. 그는 학문적으로 무타질라파에 뿌리를 두고 있었으므로 바로 그들이 사용한 무기로 자신이 속했던 학파와 겨룰 수 있었다. 즉, 그는 전통에만 매달려 있던 사람들에게 이성적으로 사고하는 방법을 소개했다. 이슬람 세계의 동부 지역에서는 마투리디(944 사망)가 이와 유사한 노력을 기울였다. 그리하여 쿠란의 비창조설에 대한 믿음이 관철되었다. 비록 그 말씀을 읽는 우리 인간의 발음은 창조된 것이지만 두 장의 겉표지 사이에 철해져 있는 것은 모두 창조되지 않은 하느님의 말씀이다.

알-아샤리의 교리는 중재를 위한 신학의 전형이라고 부를 수 있다. 그는 하느님이 인간적인 사고의 범주를 통해서는 이해될 수 없다고 가르치고 있다. 쿠란에 언급된 그분의 손, 그분의 얼굴, 그분의 동작은 '어떻게라는 단서가 없이'[빌라 카이파] 이해되어야 한다. 인간은 완전히 자유롭지도 완전히 얽매여 있지도 않은 존재로서 그는 그들을 위해 예정된 행위를 '얻어서' 그것을 자신의 것으로 취하게 되며 그에 따라 심판받게 된다. 우리에게는 세상사가 원인과 결과라는 자연법칙을 따르는 것처럼 보이나 실제로는 그것이 태초부터 동일한 원인으로부터는 동일한 결과만을 야기시키는 하느님의 관행[아다] 혹은 순나에 기인할 뿐이다. 만약 이것이 중지되면 곧 하리크 울-아다[관행을 깨는 것]로서의 기적이 일어나는 것이다. 초기 아랍이나 페르시아 자료 속에 자주 등장하는 것으로서 이 입장을 대변하는 좋은 예는 배화교도에게 불이 하느님의 허락에 의해서만 탄다는 것을 증명하고자 했던 한 페르시아 수피의 이야기이다. 그는 무아지경 속에서 타오르는 장작더미 위를 통과했다. 상처라고는 무아지경에서 벗어나면서 마지막 걸음을 내딛는 순간 발에 입게 된 작은 상처 하나뿐이었다. 현대인에게는 무아의 경지에 이른 인간의 위력을 더할 나위 없이 잘 보여준 예가 되겠지만, 10세기에 살던 경건한 관찰자들에게 이는 하느님이 원하기만 하면 언제든지 관행을 깰 수 있다는 사실을 증명하는 것일 수 있었다.

아샤리파 견해의 추이는 무슬림들이 피하거나 아니면 대처하지 않으면 안되었던 정치적·종교적 위험들을 잘 반영하고 있다. 이와 더불어 신앙의 강령은 점차 딱딱해졌고, 또한 신학적 용어도 점점 스콜라식으로 세련되어 갔다. 사변적 신학자인 무타칼림들은 종교적 기득권 계층의 중요하고도 존경받는 구성원이 되었다. 중세시대에 발전한 스콜라 철학적인 사고와 논리는 요즈음 전통적인 방법으로 교육을 받은 무슬림들이 자신의 종교가 지닌 합리성을 증명하고자 할 때도 구사되고 있다. 그래서 일반적으로 이러한 사고방식에 익숙하지 않은 서구의 학자들은 신학적인 주제에 관해 무슬림들과 토론할 때 자주 어려움을 갖게 된다. (한번은 터키에서 어떤 버스 운전사가 나에게 묻기를, 신앙고백은 '이슬람의 기둥'이라고 부르기보다는 오히려 '종교의 근본'이라고 불러야 하지 않겠느냐고 했는데, 이는 이러한 접근방식이 '단순한' 무슬림의 가슴에까지 파고들 수 있다는 사실을 보여주는 예이다.)

신앙고백은 하느님의 단일성과 최후의 예언자로서의 무함마드의 역할을 인정하는 것을 의미한다. 무함마드는 하느님으로부터 주어진 명령을 실천에 옮기는 책임을 졌던 것이다. 그러나 이보다 더 확장된 형태의 신앙고백이 있는데 보통 기계적으로 암기되며 흔히 (터키에서 고안된 '구원의 배'와 같은) 서예 '그림' 속에 담겨 있다. 일반적으로 받아들여지는 형태는 「피크 아크바르」에 정리되어 있으며 그 내용은 다음과 같다.

> 저는 하느님과 그분의 천사들과, 그분의 서책들과, 그분의 사자들과 사후의 부활과 하느님께서 정해두신 운명과 선과 악, 그리고 심판과 저울과 천국과 지옥의 불 — 이 모든 것이 진리임을 믿나이다.

예언자들에 대한 믿음은 아담으로부터 시작해서 아브라함, 모세, 예수 그리고 무함마드까지 하느님이 보낸 모든 사자들을 포함한다. 하느님은 이 세상을 그대로 방치한 적이 한번도 없었기 때문이다. 이들의 수는 보통 28명이라고 하며 그 중 몇 명은 율법을 세울 인물로 선택되었다. 쿠란에 언급되지 않았더라도 무함마드 이전에 활동을 했다면 사자로서 받아들이는 것이 가능하다. 이 말은 이론적으로 무슬림들이 부처나 공자를 예언자로 간주할 수 있다는 의미이다. 쿠란에 의하면 토라와 시편과 복음서와 쿠란이 모두 계시된 서책에 포함된다.

천사에 대한 믿음은 신학에서 중요한 역할을 하며 일반 대중의 신앙에서는 더 큰 역할을 하고 있다. 천사에 대한 일반 대중의 믿음은 쿠란 속의 수많은 가르침에 의해 강화되었다. 천사 중 가장 중요한 위치를 점하는 것은 가브리엘이다. 그는 성령 혹은 신뢰할 만한 영으로 불린다. 하느님의 지시를 예언자에게 전달한 존재는 바로 가브리엘이었다. 일반인들의 믿음에 따르면 미가엘은 자연현상과 식량의 분배를 관장한다. 이 두 천사는 키가 엄청나게 크다. 키가 크기는 이스라필도 마찬가지인데, 그의 머리는 하느님의 왕관에 이르고 발바닥은 일곱째 세계의 아래를 딛고 있다. 그는 네 개의 날개를 지니고 있다. 최후 심판의 날이 도래하기 직전 천사를 포함해서 모든 피조물이 죽게 될 때, 이스라필은 이들을 모두 심판에 불러모으기 위해 나팔을 불 수 있도록 맨 처음 부활할 것이다. 그 어떤 천사나 영적인 힘보다도 더 끔찍하고 두려운 존재는 아즈라일[죽음의 천사]이다. 크기가 우주적인 차원에 이르는 이 천사는 4천 개의 날개를 갖고 있으며 이들 날개는 각각 자신의 눈과 혀를 갖고 있다. 하느님 섭리의 서판에 어떤 사람의 죽음이 기록되면 이즈라일은 즉시 그 사람의 영혼을 육체로부터 뜯어내기 위해 불신자인 경우엔 무자비하게, 그러나 신자의 영혼인 경우엔 조심스럽게 움켜쥔다. 무덤 속에서 망자는 우선 두 천사, 문카르와 나키르로부터 심문을 받아야 한다. 이들은 필요한 경우 망자에게 벌을 준다. 죽어가는 사람의 귀에다 신앙고백을 속삭여주는 것은 이때문이다. 천사가 묻는 말에 망자가 바른 대답을 할 수 있도록 하기 위함이다.

  인간은 전 생애에 걸쳐 천사들로 둘러싸여 있으며 또 그들로부터 보호받는다. 독실한 신자는 두 명, 네 명, 혹은 한 무리의 수호천사가 자신을 지켜보고 있다고 믿고 있다. 두 명의 기록천사는 사람의 어깨 위에 자리잡고 있다. 오른쪽 어깨 위에 있는 천사는 신자의 선행을 적고 왼쪽에 있는 천사는 그의 악행을 기록한다. 그러나 왼쪽 어깨 위에 있는 천사는 자신의 일을 수행하기 전에 잠시 주춤거린다. 그래서 만약 죄인이 일정한 시각이 경과하기 전에 뉘우치면 그의 잘못이나 죄는 기록에 남지 않게 된다.

세상사나 인간의 삶을 감독하기에 바쁜 수많은 천사들은 하느님의 지시에 따라서만 행동할 수 있다. 이들 외에도 그 수를 헤아릴 수 없는 천사군이 있어 오직 하느님을 찬양하는 일에만 종사하고 있다. 이들은 일곱 개의 영역에 맞추어 분반 조직되어 있다고도 한다. 그 정점에는 네 명의 신성한 존재가 있어 하느님의 옥좌를 운반한다. 천사들의 행위 영역은 제한되어 있다. 그들은 각자 단지 한 가지 형태의 찬양과 찬미어만 알고 있어 그것을 영겁에 걸쳐 반복하고 있으며, 또 단지 하나의 예배 자세만 알고 있다. 열아홉 명의 천사는 지옥의 감시자로 일하고 있다.

천사의 성性에 대해 무함마드는 답하지 않았다. 특히 천사, 혹은 천사와 유사한 존재가 하느님의 딸들이라는 메카인들의 믿음을 나무랐다. 일반적인 견해에 따르면 천사는 빛으로부터 창조되었으며 단순하고 합성되지 않은, 따라서 부패하지 않는 섬세한 재료로 창조되었다. 그들은 단지 하느님이 그들에게 알도록 허락한 것만 알고 있으며 발전 가능성이 결여되어 있다.

천사에 대한 믿음 외에도 무슬림들은 진Jinn의 존재를 믿는다. 진은 그 성격이 불확실한 영적 존재로서 긍정적 가치있는 것들을 인정하고 받아들일 수 있으며 심지어는 이슬람을 받아들이기도 한다. 그들의 존재는 쿠란 속에(수라 72) 공식적으로 인정되어 학자들이 인간과 진 사이의 결혼이 가능한지의 여부를 놓고 논의할 정도였다. 고대 아라비아에서는 이들이 자연계에 존재하는 정령이라고 알고 있었으며 점장이나 시인들에게 영감을 준다고 생각했다. 한편 사람들은 진에 사로잡히기도 한다. 마즈눈〔광인狂人〕은 진에 씌었다는 의미이다.[3] 진에도 여러 종류가 있다. 한 예로 사막에 나타나는 여성 정령 굴은 흔히 동물, 예를 들면 야생 고양이의 모습으로 나타난다.

이블리스〔악마, 마귀〕는 일반적으로 타락한 천사 또는 진으로 인식되고 있다. 그가 진과 마찬가지로 불로 창조되었다고 쿠란에서 말하기 때문이다. 이블리스는 갓 창조된 아담에게 절하기를 거부하는 바람에 낙원에서 추방되었다. 그가 피조물에게 절을 거부한 이유는 일반적으로 자존심 때문이었다고 설명한다. 그는 자신이 불에서 창조되었으므로 진흙에서 창조된 아담보다 우월하다고 주장했다. 이외에도 그는 영원 전부터 하느님을 모시고 숭배해 왔으며 하느님에게 복종함에 있어서도 모든 천사를 능가했던 것이다. 몇몇 신비주의자들은 그가 아담에게 절을 하지 못하겠다고 한 것을 일종의 과장된 타우히드라고 해석했다. 그로서는 하느님 이외의 어떠한 존재를

---

[3] Majnūn: 이슬람 대중문학의 고전에 등장하는 사랑의 화신으로서, 연인 라일라를 가까이하기 위한 일념으로 미친짓까지도 마다하지 않은 젊은이의 별칭이다.

경배한다는 것이 있을 수도, 가능하지도 않았다는 것이다. 그러나 그는 하느님이 아담에게 당신의 숨결을 불어넣었다는 사실, 그리하여 아담이 다른 모든 피조물보다 우월하도록 보장을 했다는 사실을 간과하고 말았다. 헬무트 리터가 표현했듯이 할라즈의 경향을 좇는 신비주의 사조에서 이블리스는 "하느님 자신보다 더 철저한 유일신론자"였다. 그는 자신 외에는 어느 누구에게도 복종하지 말라고 한 하느님의 영원한 명령을 어기기보다는 차라리 그분의 저주를 받아들인 고난에 찬 애인의 역할을 택했던 것이다. 경우야 어찌되었든 이블리스는 인간의 적으로 남게 되었다. 그러나 그는 자신을 창조하기도 한 하느님과 어떤 식으로든 관련을 유지하고 있다. 이블리스는 하느님에게 절대적으로 적대적인 존재가 된 적이 결코 없다. 이는 이슬람의 악마론이 절대적인 선과 절대적인 악이 대치하는 이란의 이원론이 아니라, 오히려 사탄을 하느님의 도구로 생각하는 셈족 전통의 오랜 관념과 관련이 있다는 것을 의미한다.

최후 심판의 날 모든 인간의 행위는 하느님의 권능으로 낱낱이 저울질된다. 그것을 재는 저울은 엄청나게 커서 겨자씨만한 무게까지도 잴 수가 있다. 인간의 행위를 기록한 장부가 하느님의 손에 건네지면 죄가 없는 사람은 오른편으로, 죄인은 왼편으로 분류된다. 또는 장부 자체가 저울질되기도 한다. 지옥 저편까지는 머리카락보다도 더 가늘고, 칼날보다도 더 가느다란 다리[시라트]가 가로질러 있다. 불신자들은 발이 미끄러져 지옥에 떨어지게 마련이나 신자들은 별 어려움 없이 안전하게 영원한 안식처에 이르게 된다. 심판의 날 하느님은 사람들을 각각 달리 취급한다. 가차없이 셈을 치러야 하는 사람이 있는가 하면 자애와 친절로 다루어지는 사람도 있고, 또 다른 사람들은 (여기에는 순교자가 제1순위인데) 아무런 셈도 치르지 않고 그대로 천국으로 들어가게 된다. 하느님은 예언자들 중에서 아무나 그분이 원하는 예언자들을 불러 그들이 자신의 가르침을 전했는지, 그리고 전했으면 어떻게 전했는지를 묻는다. 또 하느님은 불신자들 중에서 아무나 원하시는 사람들을 불러 그들이 왜 자기 가르침을 믿지 않으려 했는지 묻는다. 새로운 변혁을 초래한 사람에게는 순나에 대해서 물을 것이며, 무슬림들에게는 일반적으로 그들이 한 행위에 대해 질문할 것이다. 하느님의 유일성을 믿는 사람들은 죄값을 치른 연후 지옥의 불길에서 구출될 것이다. 그러므로 하느님의 유일성을 믿는 사람 중에서 지옥에 남게 되는 사람은 결국 아무도 없게 될 것이다. 무슬림 중에서 죄를 지었거나 잘못을 저지른 사람을 위한 중재자는 예언자들이 될 것이며, 다음은 신학자들, 다음은 순교자들 그리고 그 다음은 다른 신자들이 될 것이다. 변호를 해줄 사람이 아무도 없는 죄인은 순전히 하느님의 은총에 힘입어 지옥으로부터 구원될 것이다. 단 한 톨의 믿음이라도 가슴에 지니고 있는 사람이면 누구나 지옥에서 구출될 것이다.

   다음 세상에서의 형벌과 관련된 믿음은 오랜 세월에 걸쳐 발전했다. 기본적인 믿음은 다수의 쿠란 구절 속에 있다. 수라 11/108-109가 한 예이다.

저주받은 자는 불 속으로 들어가 … 하늘과 땅이 존재하는 한 그 속에 있으리라. 하느님께서 달리 명하지 않는 한.

신앙 때문에 살해당한 사람들(샤히드[순교자])은 심문을 거치지도 않고 낙원에 들게 될 것이며, 후에 낙원 속에서도 각별한 곳에 부활할 것이라는 믿음은 수라 3/163에 근거한다. "자신의 주님을 위해 살해된 사람들이 죽었다고 생각지 말라. 그들은 오히려 그들의 주님과 함께 살아 있느니라."

영원한 형벌에 관한 신학적 견해는 일치하지 않는다. 초창기의 견해는 이것이 문자 그대로 사실인 걸로 인식되었다. 무타질라파 무슬림들은 그것이 하느님의 정의에 입각한 논리적인 귀결이라고 생각했다. 사람들로부터 하느님의 자비에 대한 희망을 박탈했다고 알-아샤리가 그들을 비난한 것은 이때문이었다. 아부 하니파는 천국과 지옥을 결코 사라지지 않을 실체로 간주했으나, 이후 알-카스탈라니(1517 사망)는 "하느님의 용안 외에는 모든 것이 사라지느니라"라는(수라 28/88. 또는 수라 55/26 참조) 쿠란의 명구를 들어 이 견해를 반박했다.

특히 공동체를 위해 예언자가 중재할 것이라는 희망이 무슬림들의 신앙에서 점점 큰 비중을 차지하면서, 차츰 더 유연한 해석이 설득력을 얻게 되었다. "언젠가 지옥의 문이 흐물흐물해지고 그 위에서 물이끼가 자라게 되는 날이 있을 것"이라고 했다는 예언자의 말은 독실한 많은 영혼을 위로해 주었다. 단순한 신자들에게 전형적이던 무시무시한 지옥, 또는 오색찬란한 천국의 이미지를 철학자들과 신비가들은 나름대로 내면화시켰다. 그들은 그것을 영혼의 상태 또는 구체적인 그림을 이용하지 않고는 묘사할 수 없는 그 어떤 진실의 상징이라고 해석했다. 영원한 참된 축복은 지복직관至福直觀, 즉 하느님을 대면하는 것이며 그 신성한 존재의 무궁한 깊이 속으로 영혼이 빠져들어가는 체험을 하는 것이다. 말로는 표현할 수 없는 영원한 삶의 신비를 어찌 달리 표현할 수 있겠는가.

다양한 신학적 조류 사이에서 벌어진 논쟁뿐 아니라 이슬람 제국이 팽창하면서 빈번해진 외래 종교와의 접촉은 10세기와 11세기에 이르러 이슬람 세계 내·외부에 존재하는 상이한 종파나 종교의 특성을 다룬 다수의 아랍 저작물을 낳게 했다. 알-아샤리의 기본적 저작, 스페인 출신 이븐 하즘(1064 사망)의 비판적 연구서, 페르시아 출신 학자 샤흐라스타니(1153 사망)의 저작이 이에 속한다. 술탄 마흐무드가 인도 북서부를 정복할 당시 가즈나(현재 아프가니스탄 지방)에서 살던 호와레즈미안 알-비루니(1048 사망)는 헌신적으로 인도의 종교와 철학을 연구했다. 그의 「키탑 알-힌드」(인도의 서)는 언어학적 기반과 철학적 기반이 모두 단단한 저서였다. 이것은 종교사에 대한 저작 중 최초의 객관적 저술로 간주되어도 좋을 것이다. 비루니는 이슬람 학문사상 가장 중요한 인물 중 한 사람이며, 그가 남긴 여러 나라의 달력에 관한 저서는 오늘날까지도 없어서는 안될 저작이다. 9세기초 이래 엄청난 발전을 이룬 무슬림들의 과학적 연구는 그의 저작에 이르러 절정에 이르렀다.

초기 무슬림들이 힘을 겨루지 않으면 안되었던 지적 분야 중 하나는 철학이었다. 처음 단계에서 그들은 그리스의 철학적 사상을 이슬람의 교리와 논리적으로 연계시키거나, 아니면 적어도 조화를 시키려 노력했다. 이 분야에 첫발을 내디딘 것은 무타질라파였다. 이 신학적인 운동과 '아랍인의 철학자'라고 불리는 알-킨디(870 사망) 사이의 관련성을 밝히는 것은 어느 정도 가능하다. 그는 엄정한 과학의 대표주자였으며 이성의 세계를 강조한 최초의 인물이다. 인간의 자유와 불멸성은 바로 이 이성의 세계에서만 구해야 한다는 것이었다. 더 나아가 그는 인간의 개인 영혼이 우주적 영혼으로부터 나오며, 이는 다시 신적 원리로부터 나온다는 신플라톤주의의 유출流出 교의를 수용했다.

초기 이슬람 철학의 특징은 플라톤과 아리스토텔레스 사이에 근본적 차이가 없다는 믿음이었다. 이러한 견해는 최초의 아리스토텔레스 주석가로서 명성이 높은 중앙아시아 출신 알-파라비(950 알레포에서 사망)의 글 속에 분명히 표현되었다. 알-파라비와 그의 후계자들은 철학과 이슬람의 계시가 하나라고 주장했으며, 이 세계는 하느님이 사고思考를 통해 창조했다고 가르쳤다.

이러한 선배들의 사상을 이어나간 인물은 의사이자 철학자였으며 (서구에서는 아비센나로 알려진) 이븐 시나(1037 사망)였다. 그는 하느님은 제일 원인이며, 세상에 있을 수 있는 것은 모두 하느님의 지식 속에 본질적으로 선재先在한다고 했다. 위대한 사상가 알-가잘리는 아샤리파의 입장을 대표해서 이 교리를 격렬하게 비판했다. 이 세상의 것들이 태초부터 하느님의 지식 속에 본질적으로 존재했다는 것은 결국 이 세상의 영원성을 전제로 하는 말인 것이다. 알-가잘리는 또 개인의 불멸성을 부정한 이 철학자를 공격했다. 이리하여 이븐 시나는 약간의 신비주의적인 경향을 자신의 저작 속에 내비쳤음에도 불구하고 이슬람 세계 동부의 일부 신비가들로부터 하느님과 인류 사이에서 무함마드가 중재자로서 역할한다는 사실을 부정한 이성주의자로 간주되었다.

철학적인 지식과 신적인 계시가 전적으로 일치한다는 사상은 북아프리카 알모하드 왕국의 재상이자 어의(御醫)였던 이븐 투파일(1184 사망)이 쓴 철학소설 「하이 이븐 야크잔」에 시적으로 묘사되었다. 이 소설은 무인도에 버려진 한 소년의 성장을 다루고 있다. 그 아이는 인생의 주기를 각각 7년에 걸쳐 모두 거치면서 서서히 더 높은 통찰력을 얻어 마침내 순수한 명상의 정점에 이르게 된다. 자신의 정신적인 체험의 결과와 이웃나라에서 예언자에 의해 설파된 내용을 비교하게 된 주인공은 그것이 서로 완벽하게 일치한다는 사실을 알게 된다.

알모하드 왕국의 궁정에서 이븐 투파일의 뒤를 이은 인물은 서구에서는 아베로에스로 알려진 이븐 루쉬드(1198 사망)였다. 그는 철학과 계시가 근본적으로 일치한다는 교리를 더욱 길고 닦았다. 철학은 예언자가 전한 진리를 더 세련된 형태로 설명해야 하며, 인간은 각자 자신이 지닌 이해력에 따라 이 방법이든 혹은 저 방법이든 지도를 받아야 한다. 이 교리는 '이중의 진리'라고 (잘못 번역되는 바람에) 유명해졌을 뿐 아니라 그때문에 비난받았다. 그것은 무슬림들과 그리스도교 신학자들 양측으로부터 공격을 받았는데, 몇몇 그리스도인은 철학자들에 대한 알-가잘리의 논박을 자신들의 논쟁 무기에 포함시키기도 했다. 아베로에스는 이전 철학자들의 견해에 상반되는 견해로서, 물질에는 시작이 없다고 가르쳤다. 창조는 가능태로부터 현실태로 넘어가는 단 한 번의 과정을 통해 이루어진 것이 아니라 매순간 이루어지는 것이다. 인간 존재의 목적은 인류사의 위대한 인물들을 통해서 볼 수 있는 바와같이, 물질적 이성이 능동적 제일 이성과 하나가 되는 것으로서, 앞서가는 정신들은 이렇게 불멸성을 얻는다.

후기의 무슬림 중 철학적 사상가로서 자랑스럽게 내세울 만한 인물은 이븐 할둔(1406 사망)이다. 그는 이슬람 세계에서뿐만 아니라 인류 역사상 '최초의 사회학자'라 불리고 있다. 그의 핵심 개념은 아사비야[무리의 혼, 공공의 활기, 혹은 집단정신]이다. 아사비야는 대단히 중요한 사회·심리학적 요소로서, 이것이 종교적 열정과 결합되면 한 민족으로 하여금 다른 민족 위에 군림할 수 있도록 한다. 이븐 할둔은 국가가 어떻게 성장해서 3대가 지날 즈음이면 전성기에 이르게 되고, 이어 무리하게 팽창해 나가다가 결국은 쇠퇴하게 되는지, 그리고 어떻게 그들의 변방에서 신생국이 나타나 동일한 흥망성쇠의 과정을 반복하는지를 보여주었다. 이는 실제로 이슬람 역사 속에서 거듭 되풀이된 과정이었다.

중세 이슬람 사회에서는 자연과학과 의학이 중요한 위치를 점하고 있었다. 이 시기에 무슬림들이 이룬 과학적인 업적은 실로 괄목할 만한 것이었다. 그들은 자신의 손에 들어온 그리스의 유산을 번역하고 재구성하고 또 확장했을 뿐만 아니라 실로 이 과정을 통해 근대적인 정밀과학의 초석을 놓았다. 아비센나의 의학서는 수세기 동안 유럽에서 사용되었다. 수많은 과학용어는 당시 아랍-이슬람 문명이 남겨준 유산이다. 별자리 이름들이나 수학 용어들(algebra, algorithm 등)뿐 아니라, 0과 같은, 원래 인도에서 발견되었으나 무슬림들을 통해 서구에 전달된 아라비아 숫자가 이에 속한다. 이러한 수학적 도구가 없었다면 현대 수학은 발전할 수 없었을 것이다. 광학과 기하학도 이슬람의 유산에 속한다. 종유석 모양의 건축 구조물과 장식물 속에 반영된 예술적·기하학적 문양의 무한한 기교는 무슬림들이 대단히 복잡한 수학 문제도 해결할 수 있었음을 보여주고 있다. 바로 이 과학적인 유산이 아랍인들에 의해 서구로 이식되었으며, 그것이 현대적 기술의 도움을 얻은 유럽의 과학자들로 하여금 중동 국가들을 훨씬 능가할 수 있도록 해주었던 것이다. 무슬림 근대주의자들의 주장, 즉 서구의 과학기술 문명을 단순히 피상적으로 모방할 것이 아니라, 바로 무슬림 자신들이 중세 후기에 이르러 보존·발전시키는 데 실패한 이슬람 고유 유산의 일부분으로서 인식하고, 선조들이 그리스 과학에 대치하는 과정에서 그랬듯이 그것을 적극 수용하고 해석해야 할 것이라는 목소리는 이러한 맥락에서 이해되어야 한다.

쉬아, 그리고 관련 종파들

657년 시핀 전투는 이슬람 교리가 발전하는 출발점이었을 뿐만 아니라 여러 종파가 출현하는 — 더 정확하게는 무슬림 공동체가 두 개의 줄기로 갈라지게 되는 분기점이 되었다.

알리의 측근들은 쉬아트 알리〔알리의 당〕를 이루었다. 쉬아파 무슬림들은 일반적인 이슬람의 신조인 알라와 무함마드와 그의 가르침, 그리고 쿠란이 창조되지 않았다는 믿음과 더불어 독실한 신자들의 참된 지도자이자 쿠란의 오류 없는 해설자로서 이맘의 존재를 믿고 있다. 쉬아의 가르침에 따르면, 무함마드는 세상을 떠나기 직전 알리를 공동체의 지도자로 임명했고, 그를 신앙의 신비와 비의적秘儀的인 세계로 인도했으며, 이 역할은 다시 그의 후예 중 후계자로 지명된 인물에게 전수되었다고 한다. 그러나 알리 가문의 특별한 지위와 역할에 대한 이러한 믿음은 다양한 형태로 나타났다. 하산의 후예이든' 후세인의 후예이든 알리 가의 후손 중 어느 누가 되든 한 명을 진정한 이맘으로 인정하는가 하면 — 자이디야파 무슬림들의 입장이 이렇다 — 이맘의 몸이 신성한 발광물질로 이루어져 있다고 믿는 경우도 있고, 한 걸음 더 나아가 알리와 그의 후계자들을 신의 화신으로 간주하는 경우도 있다. 알리는 자신의 추종자들 중 일부로부터 종교적으로 극진한 추앙을 받았으나, 그는 그것을 대단히 싫어했고 또 금지시켰다고 한다. 알리는 (쉬아 측의 자료뿐 아니라 일반적인 이슬람) 전승 자료에 따르면 쌍날이 선 자신의 신검神劍〔둘-피카르〕으로 신앙의 적을 무찌르는 데 앞장섰으며, 신자들에게는 쿠란 속에 계시된 내용의 깊은 의미를 일깨워주기도 했다. 그는 예언자의 절친하고 신뢰받던 친구이자 진정한 후계자였다. 그가 예배를 올릴 수 있도록 태양이 그를 위해 운행을 멈추기도 했다. 이외에도 수많은 이적이 그를 에워싸고 있다. "나는 지혜의 도시이며 알리는 그 도시의 문이다"라고 예언자가 선언했듯이 무수한 격언과 금언이 그의 이름과 결부되어 있다. 더 나아가 알리는 '성자'이며 왈리 알라〔하느님의 벗〕의 전형이다. 쉬아파는 비교적 최근에 두 소절로 되어 있는 원래의 샤하다〔신경信經〕뒤에 이 말을 덧붙였다.

680년, 무하람 달 10일 카르발라 전투에서 알리와 파티마 사이에서 태어난 두 아들 중 작은아들인 후세인이 살해되자, 이것은 쉬아파의 세계관에 내재해 있던 고통과 비애의 정서를 더욱 심화시켰고, 그 이래 수많은 시와 산문이 예언자가 총애했던 손자가 당한 비극적 운명에 통한의 목소리를 높였다. 그를 위해 눈물을 흘리는 것은 대단한 미덕이 되었으며 더 나아가 천국에 이르는 열쇠로 간주되었다. 파티마는 후세인의 추모자들에게 '슬픔에 싸인 성모' 역할을 했다. (정확하게 말하면 그녀는 아들보다 거의 50년 일찍 세상을 떠났다.) 이후 알리 가의 다른 후예들 역시 박해받거나 살해되었으므로 쉬아파를 압도한 비극적인 정서는 줄어들지 않았다.

쉬아파 신학의 전형으로 자리잡게 되는 사상의 싹은 그러나 묘하게도 알리와 파티마의 두 아들 중 하나(즉, 예언자의 진짜 손자)가 아니라 알리가 다른 부인으로부터 얻은 아들로서 684년에 죽은 무함마드 이븐 알-하나피야를 중심으로 싹텄다. 이 무함마드의 한 추종자인 묵타르(718 사망)는 그가 죽은 것이 아니라 깊은 산속 어디엔가 살아 있으며 "지금 불의가 지상을 채우고 있는 것처럼 이 땅을 정의로 채우기 위해" 심판의 날에 앞서 마흐디로서 돌아올 것이라는 소문을 퍼뜨렸다. 무함마드 이븐 알-하나피야의 재림에 대한 믿음은 곧 알리 가문의 다른 후예, 더 정확하게는 다섯번째가 됐든 아니면 일곱번째 혹은 열두번째가 됐든, 아무튼 그 추종자들로부터 최종적이 이맘이라고 본 인물에게 전이되었다.

처음 쉬아트 알리의 관심은 후세인의 후예들에게 집중되었다. 카르발라 전투에서 살아남은 몇 되지 않는 사람들 중에는 후세인의 아들 자인 알-아비딘이 있었다. 자인의 아들 중 자이드는 740년에 살해되었다. 신학에 있어서나 실천적인 면에 있어서 순니파 무슬림들과 매우 근접해 있는 이른바 자이디야파는 그를 알리로부터 시작하는 계보의 다섯째 이맘으로서 마지막 이맘이라고 생각했다. 그들은 공동체의 지도자가 하산의 후예이든 후세인의 후예이든 개의하지 않는다. 한때 카스피아 해 근처에서 활동했던 자이디야파 무슬림들은 예멘 지방을 수 세기 동안 통치했으나 최근 들어 권좌에서 밀려났다.

다른 쉬아 그룹들은 자이드가 아니라 그의 동생 무함마드 알-바키르(676~731)를 5대 이맘으로 섬겼고, 그의 아들 자파르 앗-사디크(699~765)는 이트나 아쉬리 쉬아〔열두 이맘파 쉬아〕가 수용한 법학파의 창립자로 간주되며 신비주의 사상 발전에도 기여했다. 자파르가 세상을 떠나자 또다시 분열이 일어났다. 오늘날 이란의 국교인 열두 이맘파 쉬아는 무사 알-카짐(746/7~799)의 계보를 통해 874년 어린 나이에 이 세상을 떠나 잠적했다는 12대 이맘인 무함마드 알-마흐디로 이어졌다. 한편 일곱 이맘파 쉬아는 무사가 아니라 그의 형 이스마일을 이맘으로 섬겼으며, 그래서 적어도 그 주류는 이스마일파라고 불린다.

열두 이맘파 쉬아는 1501년 이래 이란의 국교로 자리잡고 있다. 열두 이맘파는 보이지 않는 세계에서 시간을 지배하고 있는 숨은 이맘에 대한 믿음을 바탕으로 하고 있다. 그가 부재중인 동안 그의 신학적 입장은 종교학자〔무즈타히드〕들에 의해 해석된다. 이해가 될 만한 일이겠지만 여기에서는 순니파의 전통에서와 같은 이즈마가 용납되지 않는다. 일반적인 주장과는 달리 쉬아파 무슬림들도 순나, 즉 예언자가 남긴 관례와 전승이 유효하다는 사실은 부정하지 않는다. 비록 자연히 친알리적인 성격의 전승을 더 강조하기는 하지만, 어떤 면에 있어서는 오히려 이들이 순니파 무슬림들보다 더 철저하게 그것을 고수하고 있다. 교리에 있어서 열두 이맘파 쉬아, 혹은 달리 불러 이맘이야는 무타질라파의 몇몇 관점에 대단히 근접해 있다. 어떤 점에 있어서 이들은 순니파 무슬림들보다 더 엄격하다(예를 들면 이교도들은 불경스러운 존재로 간주된다). 쉬아파의 교리에 따르면 이맘은 한 세대에서 다음 세대로 전수되는 신성한 발광물질의 수탁자이다. 그러나 이맘이 그러한 빛의 기운이 있는 아들을 자신의 후계자로 삼은 것인지, 아니면 그것이 자동적으로 장남에게 수여되는 것인지 하는 문제는 그대로 숙제로 남아 있다. 이맘과 그 가족들의 묘소, 특히 카르발라, 나자프, 쿰, 카지마인, 마쉬하드에 있는 묘소는 사람들이 자주 찾는 순례지이다. 독실한 쉬아파 무슬림들은 이맘의 정신적인 광채를 더 가까이서 나누어 갖기 위해 이곳에 묻히기를 원한다. 특히 카르발라의 진흙으로 빚은 작은 서판이나 예배용 염주는 은총을 가져다준다고 여겨진다. 세월이 지남에 따라 인도에서는 쉬아파의 영향력이 점점 더 커져, (골콘다를 중심으로 한) 데칸 지방과 (루크노를 중심으로 한) 아와드 지방의 많은 통치자들은 열두 이맘파 쉬아에 속했다. 그리고 이 지역의 저술이나 풍습은 전형적으로 쉬아적 정서를 반영하고 있다. 인도와 분리된 파키스탄 지역의 무슬림들 중 상당한 부분은 ― 아마도 15% 정도는 ― 쉬아파 무슬림들이다. 터키와 시리아 북부에도 종파적 성격의 쉬아파 소수집단이 거주하고 있다.

가장 이채로운 집단은 자파르의 아들 이스마일(765년경 사망)로 거슬러올라가는 이른바 일곱 이맘파 쉬아이다. 이스마일파에는 다시 여러 노선이 있으므로 잘 가려서 보아야 하지만, 아무튼 중세 이슬람 세계는 한동안 이들로 인해 큰 혼란에 빠진 적이 있다. 창시자 함단 카르마트의 이름을 따서 카르마트파라고 불리는 일파는 이스마일의 아들 무함마드가 마지막 이맘이라고 생각했다. 카르마트파의 선교는 알리의 오랜 아성인 쿠파에서 9세기에 시작했으나 곧 아라비아 사막 내부에 위치한 아흐사로 근거지를 옮겼다. 정통파에 속하지 않은 종파들에서 흔히 그러하듯 카르마트파 무슬림들은 적들로부터 일종의 종교적 공산주의자들이라는 비난을 들었다. 930년에는 이들이 카바 성전의 검은 돌을 탈취하는 데 성공하는 바람에 그 돌이 다시 제자리에 안치되기까지 22년간 성지순례가 이루어질 수 없었다. 편잡 지방의 남부 물탄을 중심으로 카르마트파 무슬림들이 소공국을 세운 것은 이즈음이었다.

카르마트파는 자기 종파에 입문해서 단계적으로 수양하면 신성한 진리를 꿰뚫어보는 경지에 오를 수 있다고 믿었다. 그들은 이슬람의 기본적인 가르침에다 신플라톤주의적이며 영지주의적인 사상들을 섞어 인간 존재의 진화에 대해 가르쳤다. 그에 따르면 인간은 세계 영혼을 통과해 우주 지성으로부터 인간 이성으로 내려온 소우주이며 '어두운 빛'으로 인식되었다. 사후의 생, 즉 인간이 자연과 변화무쌍한 이 세상으로부터 마침내 자유롭게 될 때, 저승에서 맞게 되는 삶은 지상에서 그가 한 행위에 의해 결정될 것이다. 선한 자는 순수한 영역에서 살게 될 것이고, 반면 악한 자는 달나라 아래에서 끊임없이 방황하게 될 것이다.

종교를 이렇게 이해하는 사람들이 쿠란을 문자 그대로 해석할 리가 없다는 것은 두말할 필요도 없다. 다른 일곱 이맘파에 속한 쉬아파 무슬림들과 더불어 카르마트파 무슬림들은 바티니야, 즉 "속〔바틴〕에 담긴 의미를 (따르는) 사람들"이라고 불러도 무리가 없을 것이다. 그 제자들이 복잡한 통로를 거치며 성스러운 책이 지닌 비의적 진리 속으로 한 걸음 한 걸음 인도되기 때문이다. 이스마일파 철학의 한 대표자인 페르시아 출신 저술가 나시리 후스라우〔1072년 이후 아프가니스탄 북부 융간에서 사망〕는 무슬림들이 지켜야 하는 의무조항들을 내면화하는 과정을 다음과 같이 멋지게 묘사했다.

> 살라트〔예배〕의 외적 의미는 예배의 방향, 메카의 지고한 성전 카바 쪽으로 몸을 향함으로써 행동으로 하느님께 예배하는 것이다. 그러나 예배의 정신적 의미는 성스러운 책과 신성한 율법에 대한 순수한 지식을 얻고자 사고하는 영혼으로 정신이 기도하는 방향을 향해 하느님께 예배하는 것이다. 정신이 기도하는 방향은 하느님의 지식이 거하는 하느님의 저택이며, 그것은 곧 진리의 이맘이다. 그분께 평화가 있기를.

이것은 곧 생존해 있는 이맘이 신앙의 중심이라는 말이다.

10세기가 막 시작할 무렵 이스마일파의 사상은 파티미조의 활동에 영감을 불어넣었다. 당시 이들은 잠시 북아프리카에 머문 다음 서서히 동쪽으로 이동하던 참이었다. 그들은 969년 이집트를 점령한 뒤 약 200년간 지탱한 제국을 건설했다.

파티미조의 통치자 중 가장 유명한 인물은 (정신질환을 앓은 것이 분명한) 알-하킴이었다. 그는 1021년 홀연히 사라졌다. 추종자들이 그를 신의 화신이라고 선언한 지 4년째 되던 해였다. 이 사상 전파의 주역은 페르시아 출신 저술가 함자와 이스마일 앗-다라지라고 불린 인물이었다. 오늘날 자발 하우란 지역과 레바논에 살고 있는 드루즈파의 명칭은 앗-다라지로부터 유래한다. 그들은 신성한 할리파 알-하킴이 재림할 것을 믿고 있다. 그러나 이들은 주위의 지배적 종교 관행에 거의 완벽할 정도로 적응하고 있다. (타키야〔위기 상황에서 자기 신앙을 숨기는 행위〕는 쉬아파 윤리의 일부이다.)

1094년, 할리파 무스탄시르가 죽은 후 파티미조의 계보는 분열했다. 이집트에서는 사람들이 무스탄시르의 더 어린 아들 무스타을리(1101 사망)를 따른 반면, 진짜 후계자인 니자르(1095년경 사망)는 도주하지 않으면 안되었다. 니자르와 그의 아들은 하산-이 사바(1124 사망)의 초청으로 이란 산악지방에 위치한 성채 알라무트에서 보호받았다. 이 성채는 이른바 암살파가 탄생한 곳이다. 그들은 하산의 헌신적인 제자들로서 스승에게 맹목적으로 복종하며 정치적 암살을 자행했고, 그 과정에서 흔히 자신을 희생시켰다. 암살을 가리키는 assassin이라는 단어는 아마도 하쉬샤쉬윤〔하쉬쉬 복용자〕의 변형일 것이다. 그러나 그들의 각종 활동과 야만성을 알리는 자료가 그들의 적대 세력에 의해 기록된 것뿐이어서 알라무트 초기의 역사는 여전히 안개 속에 가려 있다. 1153년에는 키야마트〔부활〕가 선언되었는데, 이는 모든 율법을 영적으로 해석하겠다는 의미였다.

암살파 무슬림들은 십자군 원정 시기에도 나름대로의 역할을 했다. 시리아 북부 어디엔가 살고 있는 신비에 싸인 쉐이크 알-자발[산속의 노인]이 가끔 자신의 충복들을 보내 전투에 개입했던 것이다. 알라무트는 1256년 몽골군에 의해 점령되었다. 시리아에 위치한 마지막 성채는 1272년 이집트 맘룩군에 의해 무너졌다. 약간의 이스마일파는 이후에도 이란 동부에서, 그리고 다른 이들은 시리아에서 명맥을 이어갔다.

한편 무스타을리의 추종자들은 주로 예멘에 자리잡았으며, 이곳에서는 초창기에 후라 여왕이 중요한 역할을 했다. 그들의 선교사[다이]들은 곧 구라자트 지방으로 진출했다. 주로 신드 지방에서 활동한 니자리파 선교사들도 뒤를 따랐다. 물탄 왕국을 중심으로 예전에 이 지역에 카르마트파가 살았다는 사실이 이들의 활동에 일조했을 것이다. 아무튼 이들은 약간의 힌두 사상을 비의적으로 개조하여 신드와 구자라트 지방에서 상당수의 추종자를 얻을 수 있었다. 예를 들면, 알리는 (힌두교도들이) 고대하던 비슈누의 열번째 아바타[화신化身]로 등장했다. 이스마일파 정착촌들을 세운 초대 피르들의 것이라고 흔히 알려진 종교적 노래[기난]는 (신드어, 구자라트어, 펀잡어 등) 현지어로 만들어졌다. 작사자들은 현지 주민 토착 시가의 상징들을 차용하여 이맘에 대한 영적 사랑을 노래했다. 예전에는 대부분의 기난은 호즈키라는 특수한 문자로 기록되었다(니자리파 무슬림들은 흔히 호자라고 불렸다).

인도의 이스마일파는 알라무트가 함락된 후에도 여전히 이란에 남아 살고 있던 이맘에게 십일조를 헌납하곤 했다. 정치적 이유 때문에 이맘은 1839년 이란을 떠나 인도로 이주했다. 그는 아가 칸으로 알려졌다. 인도에 자리잡은 후 세번째로 이맘 위에 오른 유명한 술탄 무함마드 아가 칸 3세는 60여 년에 걸친 재위 기간 중 이스마일파 공동체를 변혁시켜 그들에게 현대사회의 경제활동에 적극 참여할 것을 권장했다. 이스마일파는 현재 파키스탄과 봄베이, 훈자와 키트랄 지방의 산악에 살고 있을 뿐만 아니라, 아가 칸의 지시를 따라 동아프리카로도 이주해서 살고 있다. 최근의 정세 변화는 공동체의 부유한 구성원들로 하여금 다른 지역으로 이주하도록 압력을 가해, 현재 이스마일파가 가장 많이 거주하는 나라 중 하나는 캐나다이다. 그들의 조직과 교육열은 주목할 만하다. 전임 아가 칸의 주문에 따라 여성들에게는 각별히 좋은 교육의 혜택이 주어졌다. 이스마일파에게 있어서 아가 칸은 하지르 이맘[무오無誤의 '현존하는' 이맘]이다.

무스타을리의 추종자들은 사이드나[우리의 주님]를 정신적 지도자로 섬긴다. 그러나 그는 아가 칸이 누리는 것과 같은 권위를 요구하지는 않는다. 무스타을리파 무슬림은 흔히 보호라라고 불린다. 이 인도어가 말해주듯 그들은 인도와 파키스탄에서 성공적인 상인층을 형성하고 있다. 이들로부터 갈라진 한 그룹은 피지와 같이 인도 이슬람의 현대화에 중요한 역할을 한 인물을 배출했음을 자랑한다. 피지는 (오늘날까지도 보호라 지방법의 근간을 이루는) 파티미조 시대의 법관 카디 누만(974 사망)의 저술에 대한 연구와 이슬람에 대한 현대적 해석으로 괄목할 만한 업적을 남겼다. 인도 국민의회의 초대 무슬림 의장 바드라딘 티야브제는 금세기초 여성교육 운동을 위해 활약했으며 무함마드 이크발의 친구이기도 했던 아티야 베굼(1965 사망)과 마찬가지로 보호라 출신이다. 쿠아이디 아잠〔가장 위대한 지도자〕으로 불리는 파키스탄 건국의 설계자 진나(1948 사망)도 이스마일파라는 사실 역시 간과해서는 안될 것이다. 이처럼 한때 진보적 자세로 주목받았던 보호라 무슬림들 사이에서 최근에는 다분히 보수적인 태도가 발견되고 있다.

앞서 언급한 두 이스마일 종파가 정치적으로나 문화적으로 오늘날 매우 활발한 데 반해 쉬아에 뿌리를 둔 다른 한 그룹은 거의 잊혀 가고 있다. 14세기말 아스타라바드의 파드룰라(1398 사망)가 창시한 후루피파 무슬림들이 그들이다. 그는 쉬아 사상에 수리와 문자의 비의적 의미를 접목시켰다. 그러한 추론은 늦어도 9세기 이후부터 신비가들 사이에서 행해졌으나 파드룰라는 삼라만상 모든 것을 숫자와 문자의 한 표현으로 생각했다. 후루피파의 추론은, 적어도 부분적으로는 터키의 더비쉬〔탁발승〕들, 특히 어떤 경우이든 쉬아파 사상에 매우 호의적인 벡타쉬파 무슬림들에 의해 계승되었다. 대중적인 비유를 구사하며 단순한 터키어로 쓴 벡티쉬피 무슬림들의 시는 알리와 그의 후예들에 대한 찬사를 듬뿍 담고 있다. 판즈탄〔다섯 명의 신성한 인물(무함마드, 알리, 파티마, 하산 그리고 후세인)〕의 이름들이나 나디 알리얀〔경이로운 것들을 내려달라고 계시의 중심인 알리에게 간구하는 것〕과 같은 기도문은 벡타쉬들 사이에서 흔히 볼 수 있는 아랍어로 쓴 인상적인 서예 작품의 주제이다. 후루피 종파를 대표하는 가장 중요한 인물 중 한 사람은 1417년 알레포에서 잔인하게 살해된 터키 시인 네시미이다. 후기에 이르러 후루피의 경향은 종종 자프르와 관련을 맺고 있다. 자프르는 예언자 가문의 비전秘傳으로서 그들과 (그들의 추종자들로) 하여금 쿠란 구절의 수리 해석을 통해 미래를 내다볼 수 있도록 해주는 것이다.

쉬아파에 속한 모든 종파는 일반적으로 초대에서 제3대에 이르는 할리파를 모두 거부〔타바라〕한다. 알리에게 충실한 추종자들에 의하면 그들은 의심의 여지 없이 알리에게 예정된 할리파위를 찬탈했다. 아부 바크르, 우마르, 우스만이란 이름이 쉬아파 무슬림들의 작명에는 쓰이지 않는 이유가 여기에 있다. 온건한 자이드파 무슬림들은 '타바라'로부터 거리를 두고 있다. 순니파 무슬림들과 쉬아파 무슬림들 사이에 넘기 힘든 장벽을 이루고 있는 것은 바로, (초창기 신자였으며 존경받는 예언자의 동료 교우였던) 이 세 할리파에 대한 쉬아파 무슬림들의 거부감, 아니 그들에 대한 저주이다. 예언자의 가문과 알리에 대한 남다른 흠모는 독실한 순니파 무슬림들 사이에서도 일반적으로 발견되는 태도이다.

19세기 이란에서는 어느 정도 쉐이키 학파에 뿌리를 둔 새로운 운동이 출현했다. 바비교가 바로 그것으로 이 명칭은 창시자인 타브리즈의 무함마드 알리가 1826년 자신을 '바압', 즉 신자들이 하느님 면전에 이를 수 있는 '문'이라고 선언한 데 기인한다.[1] 바비교는 이란에서 혹독한 탄압을 받았다. 바압과 그의 독실한 제자들은 대부분 살해되었다. 그 중에는 대단히 섬세한 여류 시인 타히라 쿠라툴 아인(1852 사망)도 있었다.

바압은 여성들을 엄격한 베일로부터 해방시키려 했으므로 바비교는 새로운 자유를 추구하던 여성들에게 대단히 매력적이었다. (와히드[하나]의 수가 數價인 19에 각별한 가치를 두는) 바비교는 무엇보다도 인간의 윤리적인 자세를 강조한다. 비록 처음에는 바비교가 다소 신비로운 색채를 띤 쉬아파 이슬람의 틀 속에 머물렀지만, 바압의 후계자 바하올라(1892 사망)는 이 운동을 더 혁신적인 방향으로 이끌었다. 바하올라의 추종자들 [바하이]은 그리스도교가 유대교와 맺고 있는 것과 동일한 관계를 이슬람과 맺고 있다고 주장하고 있다. 이슬람 율법은 폐기되었으며 모든 인류의 평등과 보편적인 관용의 정신이 선양되었다. 바하이들에 대한 탄압은 이란과 여타 지역에서 아직도 계속되고 있다. 바하이들의 이상이 높기는 하지만 그들이 '예언자들의 봉인' 무함마드에 의해 전파된 종교의 뒤를 이어 출현한 종교를 갖고 있다는 주장을 하는 한, 전통적인 이슬람 율법은 그들을 그냥 보아넘길 수가 없는 것이다.

---

[1] Báb: 바압은 1819년 쉬라즈(Shiraz)에서 태어나 1850년, 서른한 살의 젊은 나이로 타브리즈(Tabriz)에서 공개 처형되었다. 바압이 자신의 소명을 선언한 것은 1826년이 아니라 1844년 5월 23일 쉬라즈에서였다. 또한 바압의 본명은 무함마드 알리가 아니라 알리 무함마드이다. 예언자 무함마드의 딸 파티마와 할리파 알리 사이에서 태어난 가문의 후손이므로 사이드 알리 무함마드(Sayyid 'Ali Muhammad)가 정식 이름이다.

이슬람 신비주의와
수피 형제단

이쯤에서 우리는 이슬람의 내면 세계가 날로 좁아지고, 매년 늘어가기만 하는 듯한 교리적 규정과 현학적 방법의 그물 또는 외형적 의례와 법조문 속에 질식할지도 모른다고 우려함직하다. 그러나 하나의 새로운 경향, 즉 신비주의가 나타나 이슬람 세계의 여러 분야에 각별한 모습을 안겨주었다. 이 비의적 경향은 수피주의라고 불린다. 수피주의는 수프[양모]라는 단어에서 유래했다. 이 용어로 우리는 그것이 원래 금욕적 성격의 운동이었음을 알 수 있다. 근동 지방에 거주하던 초창기 그리스도교 금욕자들이 주로 양모 외투를 걸쳤듯이 초기의 무슬림 금욕자들 역시 어두운 색깔, 보통 암청색 양모옷을 입었다. 이 운동이 성장한 이유를 이해하기 위해서는 먼저 무함마드 사후, 세계 정복에 나선 우마이야 할리파조의 지배자들과 쿠란 속에 명시된 최후의 심판에 대한 소름끼치는 묘사에 깊이 영향을 받아 끊임없이 참회해야겠다고 생각한 경건한 신자들의 긴장을 상기하지 않으면 안된다. 대부분의 신학파가 자신들의 신학적 견해에 대한 증인으로 끌어들이곤 하는 하산 알-바스리(728 사망)는 지옥의 공포를 끊임없이 강조하고 다녔다.

> 아담의 자식아! 너는 혼자 죽을 것이고 혼자 무덤에 들어갈 것이며, (심판의 날) 혼자 (무덤에서) 일어날 것이고 (상벌을 따지기 위한) 셈 또한 혼자 치를 것이니라! 아담의 자식아, 너를 두고 하는 말이니라! 바로 네가 들으라고 하는 말이니라!

하산 주위에 이라크와 시리아 지역 최초의 금욕자들이 출현하는데, 아마도 그의 영향을 받았을 것이다. 가능한 한 밤을 새워 기도하고 정해진 기간보다 훨씬 오래 단식을 했으며, 금지되거나 허용되지 않은 것뿐 아니라 비록 허용되더라도 민감한 사람의 눈에 조금이나마 의심스런 것들은 삼가면서 생활한 남녀들이 그들이다. 그들은 '악을 부추기는'(수라 12/53) 자신의 나프스[저급한 영혼]와 끊임없이 씨름했다. 예언자의 말에 의하면 나프스와의 투쟁이야말로 하느님께 올리는 봉사 중에서 가장 위대한 지하드, 진정한 성전聖戰이라고 했기 때문이다. 자신의 생각과 행위를 일일이 또 끊임없이 통제하는 기술은 그 자체가 하나의 과학으로 연마되어 개인의 삶 전체를 완전한 이홀라스[순수한 헌신]로 인도할 수 있었다.

금욕적 운동은 메소포타미아 지방에서뿐 아니라, 불교적 금욕생활의 영향을 배제할 수 없는 지역인 이란 동부 호라산 지방에서 더욱 발전했다. 동부 지방 최초의 금욕주의자인 이브라힘 이븐 아드함(777년경 사망)은 유서 깊은 박트리아 지방 발크 출신이었다. 아랍 정착민의 후예임에도 불구하고 부처의 생애와 관련된 주요 모티브가 전이되어, 그는 출가하여 유행遊行하는 전설 속의 왕자로 둔갑했다.

이브라힘과 그의 동향인들에게 있어서 진실된 종교적 삶을 위해 가장 중요한 것 중의 하나는 하느님에 대한 절대적 신뢰〔타와쿨〕로서, "먼저 낙타를 매어 놓고, 그런 연후에 하느님을 신뢰하라!"라고 한 예언자의 현실적인 충고를 간과할 정도였다. 초창기 수피들에게 있어서 그것은 여비도 식량도 없이 여행을 떠난다거나, 어떠한 의학적 도움도 구하지 않는다거나, 심지어 자신들에게 주어진 것이 아닌 한 일체의 음식을 멀리한다는 것을 의미했다. 이러한 형태의 과장된 타와쿨에 관한, 흔히 괴담에 가까운 일화들은 초창기 수피 열전에 수두룩하게 실려 있다. 후기의 수피들에게는 이렇게 과장된 형태로서가 아니라 윤리적 자세로서의 타와쿨이 중심적 주제로 남았다. 그들은 타와쿨이 근본적으로는 타우히드의 실천적인 측면에 불과하다고 이해했다. 그분 이외에는 제물을 주시는 분이 달리 없으므로 그분을 신뢰하며, 알-라자크〔양육해 주시는 분〕라는 그분의 명칭은 곧 그분께서 당신의 피조물들이 필요로 하는 모든 것을 주실 것이라는 약속인 것이다.

초기 수피주의에 있어서 또 하나의 중심적 주제는 파크르〔가난〕였다. 수피들은 파크리 파흐리〔나의 가난은 나의 자랑이다〕라고 한 예언자의 말을 귀감으로 삼았다. 파크리는 우선 지상적인 어떠한 것에 대한 소유도 멀리할 것을 요구했다. 비록 후기에는 많은 '빈자' 貧者〔파키르(더비쉬)〕들이 영향력 있는 지주로 변했고 초창기의 금욕적 이상과는 정반대로 지배계층과 결탁하기도 했지만 물질적인 가난은 오랫동안 수피들이 추구하는 이상으로 남았다. 타와쿨이 윤리적인 이상으로 내면화되었듯이 가난도 내면화되었다. 이는 '영원히 부유하신 분, 자족하시는 분'의 (수라 35/16) 면전에서 자신의 가난과 궁핍을 뼈저리게 인식하는 것을 의미했다. 인간 존재에 속한 것은 실로 아무것도 없다. 이 세상의 부는 단지 며칠간 지속될 뿐이다. 이러한 이유에서 몇몇 수피들은 하느님께 감사하며 한 점의 후회도 없이 일순간에 자신의 모든 재산과 결별을 선언할 수 있는 부자의 정신적 수준이 자신의 가난을 꾸준히 참아내는 가난한 사람의 그것과 같다고 주장했다. 그러나 — 비록 하느님으로부터 아무것도 얻지 못해도 — 하느님께 감사하는 가난한 사람은 다른 모든 사람들보다도 더 월등하다. 왜냐하면 신비주의자들이 가야 할 여타의 길과 마찬가지로 감사의 행위에는 무언가 얻어서 감사하는 단계, 그것을 얻지 못해도 감사하는 단계, 그리고 감사할 수 있는 능력 자체를 감사하는 단계, 이렇게 세 개의 단계가 있기 때문이다. 파크르는 '모든 좋은 것을 포기하는' 의미로, 더 나아가 '저승에 대한 모든 바람과 희망을 포기하는' 의미로 이해될 수 있다. 그렇게 되면 그것은 거의 파나〔무화無化, 절멸絶滅〕와 같은 의미가 된다. 이는 12세기에 처음 언급된 이래 자주 인용된 "가난이 완벽해지면 곧 하느님이다"라는 말 속에 함축되어 있는 견해이기도 하다.

즉, 절대적인 가난 속에 있는 피조물은, 말하자면 그의 모든 것이 되어주는 창조주의 영원한 풍요로움 속으로 사라지게 된다는 것이다.

나프스, 즉 저속한 영혼과의 끊임없는 투쟁 속에서는 가난과 단식, 철야기도, 또는 침묵뿐만 아니라 지속적인 자기반성이 요구된다. 지상적인 재물에 대한 집착보다 더 나쁜 것은 거만, 자만 그리고 명예와 칭송에 대한 애착이다. "나프스는 한 손엔 쿠란과 염주를, 그리고 다른 손의 소매 속에는 단검을 쥐고 있다." 이는 우리 인간이 자신의 경건함과 헌신적인 노력, 그리고 남들로부터 '성인'이라고 일컬어지는 것을 지나치게 기뻐할 수 있다는 것을 경고하기 위해 루미가 한 말이다. 외면적으로는 죄가 많은 것처럼 보이는 것, 그래서 사람들로부터 비난이나 꾸중을 듣는 것이 경건함을 내보임으로써 사람들의 칭찬을 받는 것보다 오히려 더 바람직하다. 이것은 적어도 10세기에서부터 11세기에 걸쳐 활동한 지극히 경건한 구도자의 무리, 이른바 말라마티야파의 견해였다. 그들의 명칭은 말라마[비난]에서 왔다. 그러나 다른 수피들이 지적했듯이 그러한 태도는 신앙적인 완성으로부터는 거리가 먼 것이었다. 칭찬이든 비난이든 다른 사람의 반응에 신경을 쓴다는 것은 그 수피가 아직 진정한 깨달음의 경지에 이르지 못했음을 의미하기 때문이다. 목적은 무엇보다도 리다[만족], 즉 무엇이 주어지든 그것을 감사하는 마음으로 수용하는 자세이다. 10세기 이래 전해 내려온 한 이야기 속에서 어떤 수피가 기도를 통해 하느님에게 물었다.

"주님, 제가 당신께 만족하는 것에 대해 주님도 저에게 만족하시는지요?"

그는 다음과 같은 소리를 들었다고 한다. "이놈, 거짓말쟁이! 네가 진정 나에게 만족했다면, 너는 내가 너에게 만족하는지 묻지 않았을 것이니라!"

금욕적인 삶 자체가 계속 수피들의 목적으로 남을 수는 없었다. 8세기 중엽 순수한 사랑의 신비주의를 알리는 기운이 독실한 신자들 사이에서 나타나기 시작했다. 사랑의 신비주의를 대표하는 첫째 인물은 바스라의 라비아(801 사망)라는 여성이었다. 이 위대한 여성자女聖者를 둘러싼 전설 같은 일화는 수없이 많다. 아래 소개하는 일화는, 비록 라비아의 이름은 명시되지 않았지만, 중세와 근세의 유럽 문헌에도 등장할 정도로 유명하다.

어느 날 그녀는 한 손에는 물동이를, 다른 손에는 횃불을 들고 바스라의 거리에 나타났다. 무슨 일이냐는 질문에 대해 그녀는 말했다. "사람들이 지옥에 대한 두려움이나 천국에 대한 희망 때문이 아니라, 오직 그분의 영원한 아름다움을 사모하여 기도하도록 지옥에는 물을 쏟아붓고 천국에는 불을 질러 그 두 개의 장막이 사라지도록 하려 하오."

이후 지옥의 형벌이나 낙원의 기쁨과 무관한 이 절대적인 사랑은 오늘날까지 신비주의적인 시작詩作에서, 비록 핵심 주제는 아니더라도 중심 주제 중 하나로 자리잡게 되었다.

대부분의 신학자들이 인간과 하느님의 관계에 있어서 '사랑'이라는 개념의 사용을 금기시했다는 사실은 이해하기 어렵지 않을 것이다. 그들의 주장에 따르면 인간의 하느님에 대한 사랑이란 하느님의 명령에 대한 사랑, 즉 율법에 대한 복종을 의미할 뿐이다. 그러나 진득한 애정적 요소가 완전히 배제될 수는 없었다. 라비아와 마찬가지로 수피들은 즐겨 수라 5/59를 인용했다. "그분은 그들을 사랑하시고, 그들은 그분을 사랑하느니라." 비록 본문으로부터 분리되어 인용되긴 했지만 이 구절은 지상에서의 다른 모든 행위와 마찬가지로 하느님 속에서, 그리고 하느님으로부터 시작하는 하느님과 인간 상호 간의 사랑이 가능하다는 사실을 증거하는 듯했던 것이다.

라비아 사후 1세기 반이 경과할 즈음 사랑의 이론은 더욱 정교해지고 확대되었다. 그녀의 고향 이라크에서는 수많은 신비주의자가 사랑의 체험을 포함하여 여타 신비 체험의 상태와 그 단계를 정의하려 노력했다. 냉철하게 자신의 영혼(무하사바)을 탐색했다는 의미에서 이름 붙여진 바그다드의 심리학자 무하시비(857 사망)가 있었고, 신비주의적 신앙고백의 주인공으로서 최근 진목면이 드러나고 있는 예리한 정신의 소유자 하라즈(896 사망)도 있었다. "오직 하느님만이 '나'라고 말할 권리를 지니셨다"라고 말한 인물이 바로 하라즈였다. 이로써 그는 더 포괄적이고 신비주의적인 후기의 타우히드(하느님의 유일성에 대한 고백), 즉 "하느님 외에는 달리 존재하는 것이 없다"라는 말의 기초를 닦았던 것이다. 무하시비의 동시대 인물로서 누비안의 후손인 둔-눈(859 사망)은 이집트에서 활동했다.

이슬람 신비주의와 수피 형제단

그는 기적 같은 일화로 둘러싸여 있지만 마리파[그노시스, 말로는 표현할 수 없는 지식]에 대해 처음으로 언급한 인물로 잘 알려져 있다. 그가 연금술사였다고 말하지만 수피주의야말로 열등한 물질을 정신적 황금으로 만들려는 영혼의 연금술이 아니면 무엇이란 말인가? 또한 둔 눈은 자연을 하느님의 놀라운 활동을 증거하는 것으로 인식함으로써 모기 날개만큼도 가치가 없는 쓰레기더미에 불과하다고 이 세상을 증오했던 금욕가들과는 전혀 다르게 피조세계에 나름대로의 가치를 부여한 최초의 수피였다. 모든 것이 자신에게 고유한 침묵의 언어 속에서 하느님을 찬양하고 있다고 한 쿠란 구절을 상기시키며 둔 눈은 자연의 노래를 자신의 기도 속에 녹여냈던 것이다.

> 당신이 전능하시고 전지하시고 진리 그 자체라는 사실, 하여 당신의 단일성을 증거하지 않고, 당신의 유일성을 고백함 없이 천둥치는 소리, 바람부는 소리, 새들 지저귀는 소리, 시냇물 흐르는 소리, 나뭇잎 스치는 소리, 짐승들 울부짖는 소리를 하느님, 저는 들은 적이 없나이다.

시편을 닮은 이 이집트 신비가의 기도가 후기의 신비적 시작, 특히 꽃·돌·동물에서 하느님 찬양을 감지한 페르시아권 시인들에게 시적 영감 또는 적어도 반향을 일으켰을 것이다.

앞서 언급한 두 명의 수피와 동시대 인물로서 고독한 기인의 대명사가 된 페르시아 출신 바예지드 비스타미(874 사망)가 있다. 그의 수브하니[나에게 찬미를, 나의 위엄은 얼마나 위대한가!]라는 외침은 후기 수피들에 의해 세상과 자신으로부터 결별한 인간의 신화神化를 표현한 것으로 흔히 이해되었다. 바예지드가 파나[절멸絶滅]를 강조했다는 사실과 더불어 그가 남긴 몇몇 역설적인 말은 학자들에 의해 현학적인 인도의 베단타 철학으로부터 영향을 받은 것이라고 해석되었다. 그러나 그가 주창한 것은 브라흐만과의 합일에 이르기까지 아트만을 확장시켜야 한다는 것이라기보다는 인간적인 모든 흔적을 지우고자 함이었다. 바예지드는 자신이 체험한 황홀경을 묘사하면서 '천상에로의 여행'이라는 상징을 사용한 최초의 인물이었으며, 파나를 향한 자신의 갈구, 그리고 자신의 체험 끝에 오는 알 수 없는 실망감을 대단히 시적인 언어로 그려냈다.

파나는 우선 윤리적 개념이다. 즉, 인간적 요소가 점차 소멸하고 영성이 증가하는 것을 의미했다. 윤회의 고통에서 자유로워지고자 하는 노력을 의미하지 않으며, 따라서 니르바나라는 인도적 개념과는 무관하고 오히려 '자신이 존재하기 이전의' 상태로 되돌아가고자 하는 피조물의 노력과 관련이 있다.

방금 소개한 말은 가장 유명한 초기 수피주의 대가들 중 '빈자貧者의 공자새'로 불린 바그다드의 주나이드(910 사망)가 주조한 것이며, 알리 또는 아부 바크르를 통해 예언자까지 소급되는 수피 계보는 모두 주나이드를 거치고 있다. 주나이드는 기존의 금욕적 최면상태를 근간으로 하는 신비주의와 달리 맑은 정신의 신비주의를 이끈 인물로 간주되고 있으며, 이란 지역뿐만 아니라 후기의 수피주의, 특히 마그립(북아프리카) 지역의 수피 전통에도 뚜렷한 영향을 미쳤다. 물론 당시 이라크 지방에는 인간적인 사랑을 하느님의 사랑과 뒤섞는가 하면 때로는 교리에 충실한 신학자들로 하여금 경악을 금치 못하게 하는 말을 내뱉는 더 시적인 수피들도 간혹 있었다. 주나이드가 아직 젊었던 시절(877), 이미 수피들의 이른바 이단적 경향을 문책하려는 재판이 수도에서 열렸던 터라 그는 수피주의에 입문하지 않은 사람들 앞에서 하느님과의 신비적인 합일이라는 숭고한 사상을 논하거나 언급하는 데 따른 위험을 익히 알고 있었다. 그래서 주나이드는 난해하고 모호한 언어로 제자들을 가르쳤으며, 전해 내려오는 말에 따르면 이슬람 그리고 이슬람과 결부된 의례적 의무를 내면화하라고 외치고 다니던 한 신비가에게 처참한 최후를 예언했다.

그러나 이 제자는 아날-하크[나는 절대적 진리이다], 즉 "나는 하느님이다"라는 발언을 통해 인간과 하느님 사이에 이루어진 사랑의 합일의 (혹은 후기의 신비가들이 이해하듯, 모든 존재를 끌어안는 합일의) 비밀을 밝힌 연인의 전형으로서 수많은 신비주의 시인들과 일반 시인들의 영웅이 되었다. 페르시아에 속한 이라크 지방 출신으로서 거의 초인적인 금욕주의로도 명성이 높은 할라즈가 이 말을 주나이드의 집 앞에서 했다고 전해 내려오고 있는데, 실제는 그렇지 않았다. 아무튼 그의 가르침의 핵심은 아담이 하느님 안에 내재해 있는 인간성, 나수트의 형상에 따라 창조되었으며, 비록 영원한 존재와 시간 속에 창조된 피조물 사이에는 본질적인 차이가 있으나 극히 희귀한 황홀경의 순간에는 창조되지 않은 신적 정신이 창조된 인간 정신을 압도할 수 있다는 것이었다.

할라즈는 할리파 영토의 동부를 주유했다. 905년에는 인더스 계곡에 도달했고 이어, 추측건대 비단길을 따라, 중앙아시아로 들어갔다. 투르키스탄에서 메카에 이르는 지역에 걸쳐 그의 제자가 있었다. 그들이 할라즈에게 보낸 서신은 마침내 그가 체포, 구금되었을 때 사정당국에 압수당했다. (비록 바그다드의 많은 수피들로부터도 의혹을 사고 위험시되기는 했으나) 할라즈가 압바스 정부의 눈에 벗어난 것은 그의 신비주의적 가르침보다 정치적 이유 때문이었다. 물탄 지방의 카르마트파 사람들과 접촉했으며 역모와도 관련이 있다는 혐의를 받았던 것이다. 그는 (당시의 정황으로 볼 때, 정치적으로 의혹을 살 수 있는) 위험스러운 발언임에도 불구하고, 무슬림들에게 종교를 피상적으로가 아니라 내면적으로 이해하라고 역설했다. 수많은 기도문 속에서 할라즈는 하느님과 자신 사이에 있는 '베일을 거두어' 주기를 청했으며, 사람들에게는 자기를 죽이라고, 그리하여 그들은 자기들이 행한 경건한 행위에 대해 보상을 받고, 자신은, 볼 수 있는 눈을 가진 모든 사람에게 스스로를 드러내시는 하느님과 자기 사이를 가로막고 있는 '나'로부디 자유로워질 수 있도록 해달라고 촉구했다.

　　나를 죽여 다오, 나의 귀한 벗들이여,
　　죽음, 그 속에 진정 나의 삶이 있나니.

라고 그가 한 말은 이후 수많은 신비가의 영감을 불러일으켰으며, 여러 형태로 다듬어졌다. 922년 3월 26일 할라즈는 잔

혹하게 처형되었다. 그가 남긴 짧은 시편들은 감각적인 사랑이 아니라 신비적인 사랑을 노래한 아랍시詩 중에서 가장 섬세한 것들이다. 「키탑 앗-타와신」에서 그는 등잔불에 자신을 내던지는 나방의 비유를 최초로 구사했는데, 이 주제는 후에 페르시아 수피 시인들이 애용하게 되었다. 독일 시인 괴테의 감동적인 시 「축복받은 갈망」도 이로부터 영감을 받은 것이다.

후대의 수피들에게 할라즈의 죽음은 사랑을 위해 선택한 죽음의 전형이 되었으며 그의 이름, 특히 할라즈보다 더 유명해진 그의 아버지의 이름 만수르[승리자]는 이슬람 세계 동부 지역의 시문학계에 굳게 자리잡게 되었다. 한편 "나는 신이다"라고 흔히 번역되는 그의 말, "나는 진리이다"의 하크[진리, 실재]는 하느님을 일컫는 신비적인 용어가 되었다. 이 대범한 신비가는 예전이나 근대의 수피들로부터 찬양을 받았을 뿐 아니라, 자신의 이상을 위해 목숨을 바쳤으며 기득권자에 의해 죽임을 당한 인물로서, 그의 이름은 이슬람 세계의 ― 주로 진보적인 ― 현대시에서도 빼놓을 수 없는 단어가 되었다. 다만 '냉철한' 수피 형제단들만 그가 신적 영감의 통로가 되기에는 너무 편협하다는 이유로 다소 비판적일 뿐이다.

어떤 의미에서 할라즈의 죽음은 '주의주의적主意主義的 신비주의'라고 할 수 있는 제1기 고전적 수피주의 시기를 마감하는 사건으로 볼 수 있다. 이후 수세기 동안 이를 점점 체계화하는 작업이 발전했는데, 이는 수피들이 자신들의 전통이 정통적 견해에서 벗어나지 않았음을 밝히기 위해서뿐만 아니라, 당시 (신플라톤주의, 그리고 이어 그리스도교, 중앙아시아와 인도의 금욕술 등) 외래 사조의 영향이 증가했기 때문에 시의 적절한 진전이었다. 수피주의가 이슬람의 가르침에 배치되지 않는다는 사실을 증명하기 위해서뿐만 아니라, 더 나아가 사실 이 둘 사이에는 전혀 상이한 점이 없다는 것을 보여주기 위한 저술이 아랍어, 그리고 11세기 중반부터는 페르시아어로도 무수히 씌어졌다. 초기 신비가들은 모두 샤리아의 확고한 기반 위에 서서 그 규범과 명령을 매우 진지하게 받아들였으며, 동시에 말씀의 더 깊은 뜻을 탐구하고자 했다. 선택받은 소수의 무슬림들이 찾아들어간 타리카〔좁은 길〕가 가지를 칠 수 있었던 것은 바로 넓은 길, 샤리아가 있었기 때문이고, 모든 지혜가 발견되는 곳도 바로 쿠란이었기 때문이다.

  수피주의의 체계화는 당시 한 명문 신학대학에서 이름을 날리다가 갑자기 신비주의로 돌아선 페르시아 출신 학자 아부 하미드 알-가잘리(1111 사망)가 저술한 「이흐야 울룸 앗-딘」〔종교학의 부흥〕에 이르러 그 절정에 이르렀다. 그의 자서전 「알-문키드 민 앗-달랄」〔착오로부터의 구원자〕은 그가 철학, 스콜라학, 그리고 바티니야 등 당대의 갖가지 신학 사조와 벌였던 정신적인 투쟁의 모습을 보여주고 있다. 수피주의를 향한 마지막 도약이 그를 구해주었고 모든 의문을 제거해 주었다. 그의 주저 「이흐야 울룸 앗-딘」은 그 제목이 말해주듯 "종교학의 부흥", 짧게는 "신학의 부흥"을 목표로 했다. 달리 말하면 이 책은 하느님이 보기에 바람직한 삶이 어떤 것인지를 신자들에게 소개하고 있다. 그를 위해서는 이슬람〔절대 복종〕과 이만〔신앙〕 외에도 이흐산〔하느님을 대면하듯이 그분께 봉사하는] 자세가 필요하다. 매순간 하느님과 함께하고 있다는 사실을 인식하고 있지 않으면 안되는 것이다. 하느님께서 항상 자신 앞에 계시다는 느낌은 극히 비종교적인 행위에 몰두하고 있을 때도 마찬가지로 가져야 하며, 그래서 「이흐야」의 처음 3개 장은 부부관계, 기도, 상거래, 여행 등을 행함에 있어 어떻게 하는 것이 올바른 행위인지에 대한 지침을 적고 있다. 4번째 장에 이르러서야 가난, 인내, 하느님께 대한 신뢰, 갈망, 사랑, 하느님에 대한 지식 등 좀더 명백히 종교적이고 신비적인 주제가 다루어지고 있다. 이렇게 구성된 이 책은 마지막 장인 제40장에 이르러 죽음을 맞이해서 구도자가 취해야 하는 자세에 대해서 적고 있다. 이것이 이 책을 꿰뚫고 있는 목적이며, 이 책은 그 논리적 설득력과 서술의 평이함으로 말미암아 신비주의를 적정 수준에서 인정하는 온건한 이슬람 주류의 교과서로 인정받게 되었다. 「이흐야」를 읽는 독자는 40이라는 숫자가 인내와 성숙을 의미하는 숫자이며, 수피가 칠라(은둔) 속에서 홀로 지내야 하는 기간일 뿐만 아니라, 인간과 하느님 사이에 놓여 있는 정도程度의 차이를 의미한다는 사실을 상기해야 할 것이다. 40은 또한 무함마드의 약호인 밈$_M$자에 부여된 수치數値이기도 하다.

  경이로운 사실은 「미슈카트 알-안와르」(빛을 위한 벽감)라는 소책자에서 가잘리가 기존의 수피주의에서는 전혀 손대지 않은 새로운 주제, 즉 이슈라크(빛)의 신비주의에 대해 말하고 있다는 점이다. 이 주제는 (1191년에 처형되었으며, 그로 인해 마크툴(피살자)이라고 불리는) 수흐라와르디라는 천재적인 청년에 의해 약 1세기 후에야 비로소 그 명료한 모습을 드러내게 되었다. 아랍어로 쓴 철학적인 글, 그리고 페르시아어로 쓴 매혹적인 비유 속에 그리스, 이란, 고대 근동 그리고 이슬람적 개념과 가르침을 정교하게 뒤섞어놓은 수흐라와르디의 작품은 인간의 영혼이 자신의 망명지인 서방 물질세계로부터 순수한 빛으로 이루어진 동방의 정신세계로 되돌아간다는 내용을 담고 있다. 아부 하미드 알-가잘리(1111 사망)의 동생 아흐마드 가잘리(1126 사망)에 대해 말할 것 같으면, 그는 자신의 형이 극복하지 않으면 안되었던 일반 무슬림들의 윤리적 문제에는 거의 관심을 기울이지 않고, 대신 고전적인 페르시아 문학작품을 통해 잘 알려진 신비적인 사랑에 대해 심오하기 그지없는 글을 남겼다. 그의 글은 성스러운 사랑의 비밀에 접근하려는 일련의 유사한 시도에 불을 붙였다.

아부 하미드 알-가잘리가 세상을 떠난 후 얼마 있지 않아 수피주의의 세계에 새로운 시대가 시작되었는데 타리카, 곧 수피교단 혹은 형제단의 결집이 그것이다. 초창기의 신비가들은 대개 소규모로 스승의 주위에 모였고 스승 — 아랍어로는 쉐이크, 페르시아어로는 피르 — 혹은 인내자[무르쉬드]는 흔히 평범한 수공업자나 학자로서 자신의 생업을 갖고 있었다. 이러한 풍토에 괄목할 만한 변화를 가져온 움직임은 압둘 카디르 알-질라니(1166 사망)와 더불어 시작한 듯하다. 한발리 법학파에 속한 설교가로서 바그다드에서 활동한 압둘 카디르는 수피 교단을 세우겠다는 생각을 결코 한 적이 없는 듯하나, 그의 제자들은 스스로 형제단을 조직했고, 그와 때를 같이해서 다른 수피 스승들도 잘 조직된 대규모의 추종자들을 모으기 시작했다. 당시 일반 대중에게 일종의 정신적 위안처를 제공해 준 것으로 생각되는 이스마일파 회관이 대부분 폐쇄됨으로 말미암아 생기게 된 공백을 이들 수피 교단이 채운 게 아닌가 하는 추측이 있다.

공식적인 이슬람 속에서 점점 더 큰 비중을 차지하게 된 교리주의와 율법주의로부터는 사실 거의 얻을 것이 없었던 독실한 무슬림들은 이들의 모임 속에서 그들이 정작 갈구하던 감성적인 종교성을 발견할 수 있었던 것이다. 공동예배와 심심찮은 음악행사는 매력적이었으며, 쉐이크 혹은 그의 대리인인 할리파는 추종자들의 개인적인 문제를 돌봐주었고, 그로 인해 그의 집은 수많은 굶주린 영혼에게 안식처를 제공하게 되었다. 제자는 스승의 손을 잡음으로써 예언자에게까지 연결되는 입문과 계승의 연결 고리〔실실라〕에 편입되었고, 이렇게 입문의 과정을 거친 제자〔무리드〕에게 스승〔피르〕은 거의 절대적인 존재로 군림하게 되었다. 스승 앞에서 제자는, 한 옛말에 따르면, 마치 장의사 손에 맡겨진 시신과 같아야 했다. 쉐이크는 무리드의 정신적 성장을 주의깊게 관찰했고, (그가 홀로 수행해야 하는) 40일간의 은둔생활을 주선해 주었으며, 또 가장 중요한 것으로서 제자에게 적합한 디크르를 정해주었다. 초창기 이래 수피들은 하느님을 끊임없이 상기시켜 주는 수단으로서 디크르의 중요성을 잘 알고 있었다. 더 자주 하느님에 대해 기억하라고 한 쿠란의 구절들, 특히 수라 13/28에 있는 "실로 하느님을 기억함으로써 마음은 평온해지나니"라는 구절에서 그들은 디크르 전통의 근거를 찾았다. 일정한 양식의 말을 정기적으로 수천 번씩 반복하는 것은 이미 초창기부터 행해졌으며 이것은 형제단 사이에서 차츰 핵심적인 영적 기술로 자리잡게 되었다. 디크르는 '알라'라는 단어로 구성될 수도 있고, 신앙고백문이나 주에 대한 찬미 혹은 주에게 용서를 구하는 형식을 취할 수도 있으며, 또는 대단히 중요한 것으로서 99개의 가장 아름다운 하느님의 명칭 중 하나일 수도 있다. 디크르는 큰 소리로 낭송될 수도 있고 침묵 속에 음미될 수도 있다. 황홀경에 이를 수 있는 중요한 수단으로 디크르를 집회에서 소리 높여 영창하는 교단도 많이 있다. 수세기에 걸쳐 정교하게 다듬어진 호흡법과 함께 디크르는 무리드가 행해야 할 핵심적 의무이고, 스승의 의무는 제자에게 그의 영적 수준에 적합한 디크르를 정해주는 것인데, 이는 신성한 명칭을 수천 번씩 반복하는 경우 심리적으로, 또는 심한 경우 생리적으로도 위험한 결과를 초래할 수 있기 때문이다.

교단의 급속한 확산으로 말미암아 수피주의는 점점 참된 제자 외에도 교단과 단지 느슨한 관계밖에는 맺지 않은 수많은 일반 회원, 혹은 (가톨릭 교회에서의 제3의 사제단 혹은 사세단에 속한 평신자와 비교되는) "친구들"을 포함한 대중운동으로 성장했다. 이들은 대부분 교단 창시자의 기일 — 즉 성인의 영혼이 하느님과 하나가 되었다고 해서 그의 '결혼기념일' 내지 정신적인 '혼인기념일'이라고 할 수 있는 날 — 에 열리는 축제(우르스)에 참석했다. 우르스 기간중 그들은 함께 예배를 올리고 특별한 음식을 만들어 나누어 먹는 등 엄격히 종교적이라고 할 수만은 없는 갖가지 방식으로 그날을 기렸다. 이러한 교단의 활약으로 이슬람의 종교적인 내용, 특히 하느님에 대한 사랑, 그분이 보낸 예언자에 대한 사랑, 그리고 그분의 피조물에 대한 사랑이, 그렇지 않았더라면 공식적인 신학과는 거의 접촉 없이 지냈거나 그것을 전혀 이해하지 못했을지도 모르는 많은 일반 대중에게 전달되었다.

 수많은 교단이 압둘 카디르 질라니를 기원으로 하는 카디리야 교단을 모형으로 하여 설립되었으나, 서아프리카로부터 인도네시아에 이르기까지 오늘날까지도 가장 많은 지역에 분포되어 있는 것은 역시 카디리야 단원들이다. 이 교단의 창시자가 49명의 아들을 두었다는 사실은 수피주의가 결코 독신주의를 요구하지는 않는다는 점을 증명해 주고 있다. 결혼문제에 있어서 그들은 오히려 예언자의 선례를 따르려 했다. 무갈 제국의 실질적인 후계자, 다라 쉬코흐(1659년에 처형됨)도 카디리야의 일원이었다. 그는 50권의 「우파니샤드」를 페르시아어로 번역했으며, '두 바다의 만남'(수라 18/65), 즉 신비주의에 바탕을 둔 이슬람과 힌두교의 만남을 꿈꾸었고, 또 그에 관한 글을 썼다. 리파이야 교단은 ― 이 교단은 아흐마드 알-리파이(1183 사망)를 창시자로 삼고 있다 ― 큰 소리로 외쳐대는 디크르가 거칠고 무시무시하기까지 한 소리를 내기 때문에 보통 '괴성을 지르는 더비쉬들'이라고 알려져 있다. 그들은 또한 자해행위自害行爲를 한다거나, 자신의 눈알을 빼낸다거나, 유리조각이나 살아 있는 뱀을 먹는 등의 묘기를 보여주어 기괴한 '기적'의 주인공으로도 잘 알려져 있는데, 믿을 만한 기록에 의하면

이는 창시자가 의도했던 것은 아니라고 한다. 1200년경에는 아부 나집 앗-수흐라와르디(1153 사망)와 할리파의 칙사로 봉사했던 그의 조카로 거슬러올라가는 수흐라와르디야 교단이 명성을 얻었다. 수흐라와르디야 교단은 '진솔'하면서도 대단히 세련된 교단이었으며 — 물탄 왕국의 바하우딘 자카리야(1266 사망)를 통해 — 인도, 그리고 멀리는 벵갈 지방에서도 대단히 융성했다. 다른 주요 교단, 특히 치슈티야 교단과는 달리 수흐라와르디야 교단은 그들의 제2의 창건자의 선례를 좇아 정치에도 능동적으로 참여했다. 이 점에 있어서 수흐라와르디야 교단은 15세기 중앙아시아에서 엄청난 정치력을 휘둘렀으며 후에는 신앙의 순수성을 더럽힌다고 여겨진 여러 사조와 '최면적' 수피주의에 대항한 낙슈반디야 교단과 닮았다. 디크르를 침묵 속에서 행하는 것으로도 유명한 낙슈반디야 단원들은 특히 인도와 터키에서 자신의 영향력을 넓혔다.

쿠브라위야 교단도 중앙아시아에서 출현했다. 창시자 나즈무딘 쿠브라(1220/21 사망)는 수피들이 수행중 간혹 체험하는 색깔에 관해 심리학적으로 대단히 흥미있는 해석을 내놓기도 했다. 이집트에서 발생한 (이슬람 이전으로 거슬러올라가는 여러 이질적 요소를 지닌) 아흐마드 알-바다위(1278 탄타에서 사망) 교단은 나일 강 인접 지역에서만 추종자를 얻었다. 이 교단의 축일은 음력이 아니라 양력, 그리고 나일 강 수위에 따라 결정된다.[1] 바그다드 교단의 진솔한 전통을 많이 받아들인 샤딜리야 교단

---

[1] 이슬람 역법은 음력이다. 태양력에 맞추기 위한 윤달도 두지 않는다.

도 비슷한 시기 이집트에서 출현했다. 그로부터 파생하여 현재 북아프리카에서 활동하는 몇몇 교단은 최근 유럽인과 아메리카인들을 수피주의 세계로 끌어들였다. 간결하긴 하지만 빼어나게 아름다운 아랍 문체로 엮은 이븐 아타 알라(1309 사망)의 지혜서 「히캄」은 샤딜리야 교단이 자랑하는 작품이다.

> 하느님께서 그대로 하여금 어떤 곳에 머물게 하고, 또 그대가 좋은 결실을 맺게 되는 것, 그것은 하느님께서 그대를 그곳에 보내셨다는 하나의 징표입니다.

이 타리카의 창시자가 만든 수호의 기도문 「히즈브 알-바흐르」는 인도에까지 강력한 주문呪文으로 알려져 있다.

아나톨리아 지방에서는 잘라루딘 루미(1273 사망)로부터 영감을 받았으며, 그의 아들이 조직한 메블레비야 교단이 성장했다. 메블레비야는 회전무回轉舞 더비쉬라고 서방세계에 알려졌다(이 교단의 의례화한 회전무는 무슬림 세계에서 유일한 음악적 디크르이다). 오스만 제국 내에서 메블레비야 교단이 주로 궁정을 중심으로 사교계나 예술가의 호응을 얻었다면, 아나톨리아 지방의 또 다른 형제단인 벡타쉬야는 쉬아적 요소를 상당히 수용하면서 오스만의 정예군[예니체리][2]의 종교적 대

---

[2] Janissary: 술탄 휘하의 엘리트 군사조직이었다. 발칸 반도의 그리스도교 집안 젊은이 중 자질이 우수한 인재를 엄선, 엘리트 군사교육을 통해 육성했다. 이들은 무슬림으로 개종했으며, 술탄에게 절대적으로 충성했고 또 그의 확고한 신뢰를 받아, 예니체리의 일원이 된다는 것은 곧 '출세'를 의미했다. 한때 유럽이 두려워할 정도로 강한 군대였으나, 오스만조 말기에 군개혁의 걸림돌이 되어 해체되었다.

들보 역할을 했다. 단순하긴 하나 강력한 힘을 담은 벡타쉬의 음률적인 시는 특기할 만하다. 그러나 벡타쉬들은 회합에 여성들이 자유롭게 참여하는 것을 허락한 관계로 흔히 방탕하다는 비난을 받았다. 1826년, 예니체리들이 숙청당하는 바람에 벡타쉬들도 표면적으로는 힘을 잃었지만 그들이 즐긴 재담들은 아직도 터키인들 사이에 생생히 전해 내려오고 있다.

메블레비야 교단과 벡타쉬야 교단은 (발칸 반도를 포함) 오스만 제국의 국경을 넘지 못했다. 이와 마찬가지로 인도의 치슈티야 교단도 인도 아대륙을 벗어나지 못했다. 창시자 무이누디 치슈티(1236 사망)는 수흐라와르디야 교단 출신으로서, 그가 자리잡은 라자스탄 지방의 아즈미르를 기점으로 하여 교단은 곧 델리와 인도 남부로 전파되었다. 치슈티야 교단은 아직도 인도에서 가장 활동적인 교단 중 하나로 남아 있다. 메블레비들과 마찬가지로 치슈티들도 음악 분야에 있어서 뛰어나며 시에 대한 애정 역시 그러하다. 이슬람 지역의 변두리 지역에서 이루어진 개종 과정에서 이들 수피 교단이 기여한 역할은 아무리 강조해도 부족할 것이다.

13세기는 이슬람 세계의 중심부와 그 동부 지역의 정치적 판도를 완전히 뒤엎은 몽골의 침략과 그로 인한 재난에도 불구하고, 혹은 그로 인한 물질세계의 파멸에 대한 돌파구로서 일종의 해독제였는지는 알 수 없으나, 수피주의의 전성기였다. 후기 수피주의 최대의 거장은 스페인 태생의 이븐 아라비(1240 사망)로서 그는 메카에서 영감을 얻어 「푸투하트 알-마키야」〔메카의 계시〕라는 대작을 저술했다. 그의 사상은 이후 모든 신비주의 계통의 서적을 주도했으며, 그가 말한 — 본인이 직접 이 용어를 사용한 적은 없지만 — 와흐다트 알-우주드〔존재의 융합〕라는 개념을 받아들이지 않은 사람들조차도 언어와 사상에 있어서 그의 영향을 피할 수가 없었다.

동서양의 많은 비판가들이 이븐 아라비를 범신론자라고 평했으나 근대의 연구가들은 그가 하느님의 초월성을 의심한 적이 없음을 입증할 수 있었다. 하느님의 본질은 그 단일성으로 말미암아 인간으로서는 알 수 없고, 또 인간이 상상할 수 있는 모든 것 밖에 있다. 하느님은 다만 자신의 명칭과 속성을 통해 드러날 뿐이며 자신이 창조한 거울, 즉 이 세상 속에 있는 자신을 보고 계시다. 이븐 아라비는 앞선 많은 사람들이 그랬듯이 저 유명한 하디스 쿠드시의 한 구절을 줄기차게 인용했다. "나는 숨겨진 보물이었으니, 알려지기를 원했느니라. 그래서 이 세상을 창조했느니라." 이 세상은 하느님에게 의존함으로써만 존재한다. 그러므로 이븐 아라비는 다음과 같이 말할 수 있었다. "우리 자신은 하느님을 묘사하는 속성이며, 우리의 존재는 그분의 존재가 객체화한 것이다. 우리에게는 우리가 존재하기 위해 하느님이 필요한 반면, 하느님에게는 당신을 드러내기 위해 우리가 필요하다." 이븐 아라비는 자신의 생각을 수많은 책과 글 속에 담았다. 560장에 달하는 「푸투하트 알-마키야」가 그의 가장 포괄적인 저작이라면, 그의 예언자론의 핵심은 「푸수스 알-히캄」〔지혜의 보석〕속에 담겨 있다. 이븐 아라비가 하느님의 예언자로부터 직접 영감을 받았다고 주장하는 비교적 작은 분량의 이 책에서 그는 27개 장에 걸쳐 신비주의적 예언자론을 적고 있는데, 신적 현현顯現의 충만함은 완벽한 인간, 무함마드에 이르러 절정을 이룬다. 무함마드는 창조된 것 중에서 가장 으뜸가는 존재이며 인간성의 원형이다. 이러한 사상의 뿌리는 할라즈의 예언자론에서와 같이 이미 초창기의 수피주의에서 찾을 수 있다. 아무튼 이븐 아라비로 말미암아 수피주의는 개인적이고 즉흥적인 사유의 결과라는 통념을 넘어 이르판, 즉 일종의 특별한 신비적 지식으로 자리를 굳히게 되었다. 동서양의 비판가들은 이러한 변화가 13세기 이후 이슬람이 '정체'하게 된 주요 원인 중 하나가 되었다고 지적하고 있다.

　이븐 아라비의 천재적이고 혜안적인 (그러나 항상 쿠란에 근거를 둔) 체계화는 분명 모든 형이상학적인 문제에 대해 해답을 제시했고, 그로 인해 당대의 지식인들과 자신의 추종자들로부터 환영받았다. 반면 이븐 아라비보다 약 반세기 뒤에 활약한 잘라루딘 루미의 작품은 신비주의적인 영감을 받은 모든 시인들의 보물상자가 되었다. 수피주의 초기 아랍 세계는 짧고 다소 즉흥적인 약간의 시작詩作 외에는 달리 신비주의적 시를 거의 내놓지 못했다. 이븐 아라비는 스스로 사랑의 시를 썼으며, 같은 시기에 이집트 출신 이븐 알-파리드(1235 사망)가 쓴 작은 분량의 서정시는 그 아름다움이 빼어나다. 이 이집트 시인은 고도로 발달된 고전 아랍 시의 틀 속에서 신성한 사랑의 신비를 노래했다. 750개의 소절로 이루어진 그의 「타이야트 알-쿠브라」는 환상적인 상상력을 동원하여 인간이 하느님에 이르는 길을 묘사하고 있다.

그러나 신비주의적인 시의 본산은 이란이었다. 신비주의의 대가 압둘라-히 안사리〔1089 헤라트(Herat)에서 사망〕가 심금을 울리는 구절로 수놓은 짧은 기도문을 쓴 이후, 당시 이란의 동쪽 끝 (오늘날의 아프가니스탄)에서 활동한 다른 시인이 신비주의 시의 발전에 한층 더 큰 기여를 했다. 수피들 사이에 잘 알려진 주제를 다룬 교훈적인 내용의「마트나위」라는 이행시二行詩를 처음으로 고안한 가즈나 출신 사나이(1131 사망)가 그 주인공이다. 비록 무르익은 황홀경 속에서 쓴 것은 아니지만 그의「하디카트 알-하키카」〔진리의 장원〕는 다양한 일화 속에 수피의 삶을 엮어 냄으로써 그 내용과 형식에 있어서 이후 모든 수피 작가들에게 영향을 미쳤다. 서정시인으로서 사나이는 숨을 죽이게 하는 화려한 문체로 심오한 종교시를 남겼다. 그의 시풍은 신비적 서사시의 대가라고 할 수 있는 파리두딘 아타르(1220 니샤푸르에서 사망)로 이어졌다. 수피주의에 대한 그의 방대한 지식은 다소 낭만적으로 채색된 성인열전「타드키라트 알-안리야」에 잘 나타나 있다. 아타르는 (수라 27/16을 소재로 해서 쓴) 그의 서사시 중 가장 잘 알려진「만티크 앗-타이르」〔새들의 대화〕를 통해 서사시인으로서의 자신의 재능을 유감없이 발휘했다. 이 서사시는 자신들의 왕 시무르그를 찾아나선 영혼의 새들의 여행을 다루고 있다. 일곱 골짜기를 통과해 가는 길고도 험난한 방랑을 뒤로 하고 30마리의 새들은 마침내 시무르그의 궁전에 도착하게 되는데, 그곳에서 그들은 자신들, 즉 30마리의 새(이란어로 si murgh)가 시무르그와 동일하다는 사실을 깨닫게 된다. 개개의 영혼이 신적 영혼과 동일하다는 이야기이다. 또 다른 서사시 「무시바트나마」〔고뇌의 서書〕에서 아타르는 40일에 이르는 은둔 기간 중 무리드가 차례로 통과하게 되는 상이한 영적 단계를 신화의 형식을 빌려 시적으로 표현했다. 여기서 구도자는 바람과 태양, 천사와 동물에게 각각 하느님에게 이르는 길을 묻고, 그들의 대답은 스승에 의해 해석된다. 그리고 구도자는 결국 '자신의 영혼의 바다' 속에서 하느님을 발견하게 된다는 것이다.

세상을 떠나기 직전 아타르는, 1207년 아프가니스탄의 발크 북부 지방에서 태어났으며 신비주의 신학자였던 자신의 아버지를 따라 가족들과 함께 피난을 가던 잘라루딘 루미의 장래를 축복해 주었다고 한다. 루미의 아버지 바하우딘 왈라드가 고향을 정치적인 이유로 떠났는지, 아니면 다른 이유가 있었는지는 알려지지 않았다. 아무튼 오랜 여정 끝에 그의 가족은 마침내 소아시아 룸 지역에 정착하게 되었고 — 잘라루딘의 별명 루미는 여기에서 유래한다 — 바하우딘은 마지막 여생의 3년간을 콘야에서 보냈다(그는 1231년 세상을 떠났다). 당시 콘야는 룸 셀주크 왕실이 몽골의 침입을 피해 고향을 버린 예술가, 학자, 난민들에게 안식처를 제공해 주고 있었다. 아버지가 사망한 후 잘라루딘은 아버지의 한 제자를 통해서 신비주의 전통에 입문했다. 그리고 이어 1244년 유랑중이던 동년배의 더비쉬, 타브리즈 출신 샴수딘을 만나면서 신비적인 사랑을 체험하게 되었다. 스스로 '사랑받는 이'의 경지에 이르렀다고 주장한 샴수딘을 통해 그는 신성한 사랑의 지고함을 알게 되었던 것이다. 그러나 샴수딘은 잘라루딘이 그에게 심취하는 것을 지극히 싫어한 가족들과 제자들로 인해 콘야를 떠나지 않으면 안되었다. 일년여 후 (잘라루딘의 성화로) 다시 콘야로 초빙되었지만 샴수딘은 1248년 12월 결국 불귀의 객이 되어야 했다. 두 사람 사이의 관계를 시기한 루미의 측근들에 의해 샴수딘은 살해되었다. 이미 한 차례 헤어져야 했을 때 싹튼 이별의 고통은 마울라나[(터키어로는 메블라나로서 잘라루딘의 또 다른 별명) 우리 선생님]를 시인으로 변신시켰다. 무려 35,000 소절 이상의 운문이 이 두 성숙한 신비가의 특이한 만남과 이별로 인해 쏟아져 나왔다. 자기를 벗과 완전히 동일시한 루미는 자신의 글에 본인의 이름이 아니라 신비주의의 반려자 이름을 적었다. 페르시아어로 쓴 작품 중 신비적 황홀경에 의해 가장 고양된 글은 아마도 「디완-이 샴스」라는 작품일 것이다. 독특한 춤과 음악 속에서 우러나온 이 작품은 그 강한 음률이 특히 인상적이다. 시의 상징과 시상詩想은 삶의 모든 영역에서 취해졌으며, 마울라나의 이 시는 읽는 사람이나 듣는 사람들을 사랑과 황홀경의 높은 경지로 이끌어올릴 뿐만 아니라 중세 아나톨리아 지방의 시정市井에서 펼쳐졌던 일상생활의 화폭畵幅 속으로 끌어들인다.

 샴수딘이 사라진 후 마울라나는 평범한, 그러나 영적으로는 상당한 경지에 이른 금은세공가 살라후딘 자르쿠브(1258 사망)와의 우정을 통해 다소 위안을 얻었다. 그리고 마침내 자기 제자 후사무딘 첼레비(1284 사망)에게 관심을 돌린 후, 그의 요청으로 26,000 소절에 달하는 신비적이고 교훈적인 이행시 「마트나위」를 남겼다. 멋진 운율에 맞추어 쓴 이 「마트나위」는 13

세기 당시 세상에 알려져 있던 모든 신비적인 관념과 사상을 총 망라한 일종의 백과사전이라고 말할 수 있다. 그것은 '융합의 상점'이며 동시에 대중적 이야기나 야사들이 모여 있는 보석상점과 같다. 물론 그것은 신비주의 교리나 심리적인 기술, 혹은 비의적인 가르침을 체계적으로 잘 정리해 놓은 교범은 아니다. 루미는 서간문과 산문도 남겼으며, 제자들을 지도하는 외에 사회활동에도 참여했다. 1273년, 그가 죽은 후 추종자들로부터 '페르시아어 쿠란'이라고 불리게 된 그의「마트나위」는 페르시아어권에서 신비주의적 작품의 교과서가 되었다. 수세기에 걸쳐 이 작품에 관한 수많은 주석서가 씌었고, 또 터키어와 인도 무슬림들의 지방 언어로도 번역되었다. 오늘날까지 이슬람 세계의 동부에서는 어떠한 형태로든 루미의 시로부터 영향을 받지 않은 시인은 거의 없다.

  이란과 터키의 역사는 이후 수많은 신비적 경향의 시인들 이름으로 채워졌다. 그중 하나로서 멋진 시를 남긴 페르시아인 파흐루딘 이라키(1289 사망)를 꼽을 수 있을 것이다. 그는 루미와 동시대 인물로서 바하우딘 자카리야가 활동하던 물탄 지역에 살았으며 한때 아나톨리아에 미몰다가 다마스커스로 이주, 이븐 아라비의 묘에서 멀지 않은 곳에 묻혔다. 후기에 와서 가장 중요한 이름은 시인이자 신비가요, 고전 해설가이자 수피주의 사가(史家)이기도 했던 몰라 자미(1492 헤라트에서 사망)이다. 사실 다양한 언어로 구성된 이슬람 세계의 문학 발전에 있어 수피주의의 역할은 아무리 강조해도 부족할 것이다. 데칸 고원 지방의 초기 우르두시(詩)가 그러하고, 유누스 엠레(1321 사망)

와 그의 추종자들이 남긴 터키 시도 마찬가지다. 신드어, 편잡어는 물론이고 벵갈어도 신비주의적인 경향의 시가詩歌로 가득 차 있다. 편잡 출신 불헤 샤(1754 사망)의 힘있고 정열적인 언어, 그와 동시대에 활동했던 신드 지방 샤 압둘 라티프 비타이(1752 사망)의 음악적이고 애절한 소절들, 사찰 사르마스트(1826 사망)의 황홀한 신드어 시, 또는 파탄 출신 신비가 라흐만 바바(1707년경 사망)의 격조 높은 서정시들은 하나같이 이슬람 세계가 창출해 낸 종교적인 시작품 중, 다량의 수작秀作들이 파키스탄 지방의 대중적 신비주의 문학 속에 담겨 있다는 주장을 가능케 한다. 이 지역에서는 세상에 알려지지 않은 보석을 아직도 많이 발견할 수 있고, 인도의 수피 시와 힌두교의 박티 시 사이의 관계는 아직도 거의 검토되지 않은 분야이다.

이들 신비주의 경향의 시 중에서 일부는 예언자를 찬양하는 내용이다. 계시가 허용된 유일한 인물이라고 쿠란이 말하고 있는 예언자는 이미 이슬람 초기부터 더 높은 정신적 세계에 속한 존재로 간주되었다. 후에 신비가들은 이븐 아라비의 본을 따라 그를 점점 더 높은 찬사로 장식했고, 또 새로운 형태의 찬양을 계속 고안해 냈다. 아랍어로 쓴 부시리(1297 사망)의 「부르다」, 즉 무함마드와 그의 예멘 산 옷이 지닌 치유의 권능을 찬양한 시가 그 대표적인 예이다. 그동안 여러 세대에 걸쳐 이 '가장 뛰어난 인간'을 찬양한 수많은 노래가 페르시아어를 비롯하여 하우사어와 스와힐리어를 포함한 여타의 언어로 지어졌다. 대중가요 가수들에게 무함마드는 주로 심판의 날에 사람들이 전적으로 믿고 의지할 수 있는 중재자로 등장한다. 하느님의 각별한 사랑을 받고 있는 인물로서 하느님도 자신의 공동체를 위해 중재를 요청하는 자신의 친구, 즉 예언자의 청탁을 거절하지는 못할 것이기 때문이다. 때로는 낯선 옷을 걸치고 등장하긴 하지만, 혹 애타게 기다리는 신랑으로, 혹 타밀 가요에 등장하는 귀여운 아이로 예언자는 어디에서나 사람들 가까이 있다. 이러한 유(類)의 시가는 이슬람 학자들로 하여금 일반 대중에 미치는 수피들의 영향력이 사변적인 신학자들이나 현학적인 율법 전문가들보다 얼마나 더 큰가를 이해하도록 하는 데 도움을 주고 있다. 또한 예언자의 고귀한 모범, 그리고 그의 후계자들에 의해 수립된 귀감, 즉 하디스에 기술된 예의범절에 기초하여 수피들이 고양시킨 무슬림들의 전통적인 행동양식에도 수피들의 영향력은 확연하다. 이들 구체적이고 규범적인 행동양식은 상이한 지역에 사는 사람들 사이의 인간관계를 정립함에 있어서 필수적이었고, 수세기에 걸쳐 모로코에서부터 인도네시아에 이르는 여러 국가의 사회적 유대관계를 형성하는 데 있어서도 결정적인 역할을 했다. 이슬람 신비주의의 영향은 고도의 형이상학적 사변의 세계로부터 '낫 놓고 기억자도 모르는' 시골 아낙네들의 세계에 이르기까지 뻗어 있으며, 현대 문명이 출현하기 이전에는 무슬림 사회 전반에 그 영향을 미쳤다고 해도 조금도 과장된 말이 아닐 것이다.

대중적 신앙과
성인 숭배

하느님과 인간 사이에 그 어떠한 매개자도 인정치 않는 이슬람은 세월이 지나면서 특기할 만한 변화를 경험했다. 성인 숭배의 풍습이 그것이다. 비록 대중들로부터 가장 인기 있던 성인의 반열에 바로 한발리 법학파 출신 압둘 카디르 질라니와 압둘라-히 안사리 두 사람이 끼여 있었다는 사실이 역설적이기는 하나 엄격한 한발리 법학파[마드하브], 그리고 그 뒤를 좇아 와하비파 무슬림들이 성인 숭배의 온상으로서 수피주의를 극렬 배격한 것은 사필귀정일 수밖에 없었다.

쿠트브[극 혹은 축]를 정점으로 하는 성인들의 위계에 관한 체계적 저술은 이미 9세기말에 씌어지기 시작해서 그후에 나온 이론들에 기초를 제공했다. 성인은 왈리[하느님의 벗]로서 그분의 특별한 보호를 누리는 존재이다. 그는 기적을 행할 수 있는 축복을 부여받았다. 그러나 그가 행할 수 있는 기적은 카라마트〔카리스마타〕라고 불리며, 이는 예언자들이 행한 무지자라고 불린 기적보다 한 단계 아래의 것이고, 예언자의 가르침이 진리임을 확인하는 데 기여한다. 신비주의 사부師父인 쉐이크들은 추종자들에 의해 흔히 성인으로 추앙되었고, 툭하면 당대의 쿠트브, 즉 모든 것이 그를 중심으로 하여 도는 정신적 '축'으로 인식되었다. "쉐이크가 없는 자의 스승은 사탄이다"라는 말이 함축하고 있듯이 스승에 대한 절대적인 복종은 이미 초창기 이래 모든 수피 교단의 기본 원칙이었다.

주의깊고 자상한 영적 안내가 제자들에게 필요하다는 데는 의심의 여지가 없으나, 후일의 상황이 말해주듯 (흔히 가난하고 배우지 못한) 제자들 위에 군림한 스승의 절대적 권위는 그 악용 가능성 때문에 위험하기 짝이 없는 것이었다. 이크발과 같은 근대주의자들은 이 현상을 경멸적으로 '스승주의'라고 이름 붙이면서 이슬람 사회에서 가장 위험한 병폐 중 하나로 간주했다. 약간의 축복받은 카리스마적 지도자들이 있다는 데는 의심의 여지가 없다. 그러나 이른바 피르라 불린 인물 대다수는 비의적인 수련 과정에서 생길 수 있는 영적 능력이나 신비적 어휘를 교묘하게 구사하여 무지몽매한 사람들을 현혹시키기 일쑤였다. 이러한 유의 피르를 경험한 사람이면 왜 아타투르크가 1925년 터키 영내에 있던 수피 수도원을 폐쇄시켰으며, 또 왜 일체의 수피활동을 금지시켰는지 충분히 이해할 것이다. 소위 성인이라고 일컫는 이들이 아나톨리아 지방 주민들의 깊은 신앙심에 미치는 해로운 영향력을 차단하고자 했던 것이다. 그럼에도 불구하고 오늘날 피르들의 정치적인 역할은 만만치 않다. 국내 정치에 영향을 미칠 수 있고(그들의 추종자들은 그들이 선택한 특정 후보를 뽑도록 동원될 수 있다), 혹은 기존 정부에 대항하기도 한다. 구 소련 연방 체제하에서 몇몇 수피 형제단의 지도자들은 주목할 만한 정치 세력으로 간주되었으며 우즈베키스탄, 코카서스 그리고 여타 중앙아시아 지역의 러시아화 정책과 종교탄압에 저항하는 데 큰 기여를 했다.

성인 숭배 풍습은 (도태된 종교전통의 잔유물들이 '고등종교' 속에 섞여들어가 공존하고 있는 다른 종교에서와 같이) 이슬람 이전의 원시적인 관념과 뒤섞여 있다. 예부터 해당 지역에 자리잡고 있던 지방신령들이 흔히 그 이름조차도 정확하게 알려지지 않은 채 전설만 무성한 무덤의 주인공인 성인들 속에 자취를 남기고 있는 것이다. 여러 그리스도교 유적지나 인물들, 예컨대 히드르, 성 조지, 엘리야 등이 무슬림들에 의해서도 신성하게 간주되었다. 그리스도교의 성인 숭배에서와 마찬가지로 여러 성인은 불임, 시험, 뱀에 물렸을 때, 혹은 미친 경우 등 특별한 질병의 치료나 특정한 경우에 도움을 주는 존재로 전문화되었다. 사람들은 소원을 빌거나 치성을 드리기 위해 그들의 묘소를 찾았다. 많은 성인의 묘는 샘이나 동굴 혹은 고목 가까이에 위치하고 있다. 입구나 주위의 나뭇가지나 창문살에는 방문객들이 성인에게 자신의 소원을 상기시키기 위해 매어둔 천조각을 흔히 볼 수 있다. 사람들은 그곳에서 온갖 종류의 맹세를 한다. 어떤 사람은 앙카라 시市의 성인 하지 바이람(1367년경 사망)의 묘지 입구를 쓰는 대신 빗자루를 갖다 바치고, 어떤 사람은 양을 바치고, 또 어떤 사람은 등잔에 불을 밝힌다. 어떤 사람은 단식을 맹세하는가 하면, 일정한 횟수의 쿠란 구절 낭송이나 기도를 올리겠다고 약속하는 사람도 있다. 방문자가 학생이라면 그는 "만약 제가 이번 시험에 합격하면 야신 수라를 40회 낭송하겠습니다"라고 맹세할지도 모르고, 아들을 못 낳아 찾아온 여인은 소원을 성취하면 성인의 이름을 따서 아들의 이름을 짓겠다고 약속할 것이다(그래서 수많은 사람이 바로 아이를 낳게 중재해 달라고 여인들이 비는 압둘 카디르 질라니의 별명인 가우트바호쉬〔은덕으로 얻은 선물〕 혹은 굴람-이 다스트기르〔도움을 준 이의 종〕라는 이름을 지니고 있다).

　이슬람 이전부터 이미 이러한 풍습의 뿌리가 깊은 북아프리카는 성인 숭배의 온상이다. 유서 깊은 힌두교 성소가 무슬림 영묘로 둔갑한 인도에서도 이는 마찬가지다. 좀 덜 유명한 묘소들은 말할 것도 없고 라자스탄 지방의 아즈미르나 신드 지방의 세완 등에도 무수한 성지가 있어 힌두교도와 무슬림들이 함께 무슬림 성인을 숭배하고 있다. 악어신을 모신 카라치 인근의 신전으로부터 정교하기 이를 데 없는 무갈 건축양식으로 지은 멋진 대리석 영묘에 이르기까지, 혹은 허름한 구석방이나 바위동굴에서부터 번잡한 시장 한복판에 있는 궁궐 같은 집에 이르기까지 인도 아대륙에는 온갖 형태의 성소가 선을 보이고 있다.

　성인의 묘소 근처에서 행해지는 많은 행위는 주술에 가깝다. 실제 쉐이크가 해야 하는 일 중 하나는 각종 부적을 만드는 일이다. 부적에는 이런저런 질병을 막아주는 것에서부터 임신이나 출산 중의 어려움을 해결해 주는 것, 화마火魔나 도적을 막아주는 것 등이 있다(amulet라는 영어 단어도 실은 하마일이라는 아랍어에서 왔다). 쿠란 구절 중 어떤 것은 특별한 영험이 있고, 이런저런 기도문의 낭송은 위험을 막아준다고 한다. 크기가 초소형인 쿠란, 하느님의 명칭이 새겨진 금으로 만든 목걸이 곽, 신앙고백문이 새겨진 마노석 반지나 팔찌, 또는 (쉬아파 무슬림들 사이에 애용되는) 판즈탄의 이름들 (즉 무함마드, 알리, 파티마, 하산, 후세인) 등은 흔히 수호 부적으로 착용된다. 환자가 생기면 파티하를 낭송한 다음 그 입김을 환자에게 불어주기도 한다. 악마의 눈총을 막는 데는 푸른색 유리구슬이 사용된다. 이는 어린아이의 옷에 꿰매 줄 수도 있고, 승용차나 버스 한구석에 매달아 놓기도 하고, 또는 정교하게 짠 양탄자 한귀퉁이에 숨겨 놓기도 한다. 루타[1] 씨를 태워 연기를 내는 것도 악마의 눈을 피하기 위해 쓰는 일반적인 방법이다.

   심지어는 유품숭배도 성행했다. 이미 오랜 옛날부터 예언자의 머리카락은 영험이 있다 하여 선망의 대상이었다. 수년 전 카슈미르 지방의 스리나가에서 있었던 그러한 머리카락 도난 사건은 심각한 폭동을 야기하기도 했다. 히르카-이 샤리프[예언자의 의복]는 지금도 이스탄불과 아프가니스탄의 칸다하르에서 관람할 수가 있다. 거대한 바위 위에 커다랗게 새겨진

---

[1] 지중해 연안 원산의 귤과 상록 다년초 식물. 잎은 흥분제·자극제로 쓰인다.

예언자나 알리의 발자국은 여러 곳에 전시되고 있다. 성인의 영묘에는 (터번, 염주 등) 그 성인이나 다른 유명인사의 유품들이 보관되어 있다. 최근에 활동한 성인들의 영묘인 경우엔 (의치 등) 더 낯익은 물건이 놓여 있을 수 있다.

일반 무슬림들은 전승된 행동양식이나 전통을 그대로 좇아 생활하는 것이 보통이다. 가장 중요한 일 중 하나는 아이들의 이름을 짓는 것이다. 신생아의 탯줄이 잘려지는 동안 그에게 종교적인 이름을 지어주는 것이 일반적이다. 아키카, 즉 생후 6일 내지 7일이 지난 후 하는 최초의 이발을 축하하는 자리에서 부모가 아이의 한쪽 귀에는 신앙고백문을, 다른 쪽 귀에는 그의 이름을 속삭여 준다. 이때 흠 없는 양이나 염소가 제물로 바쳐진다.

가장 각광받는 이름은 무함마드이다. 이 이름을 지닌 모든 사람은 천국으로 가게 될 것이라고 한 하디스 때문이다. 한편 이 이름이 모독되는 것을 막기 위해 모음자를 변형시키기도 한다. 미함마드, 또는 가장 잘 알려진 터키식 메흐메드가 그것이다. 무함마드라는 이름에 주어진 은총을 공유하기 위해 아흐마드 혹은 무스타파[선택된 이]와 같은 예언자의 별칭을 이용하기도 한다. 압둘라로부터 압둘 카림[친절한 분의 종] 혹은 압둘 자바[전능자의 종]에 이르기까지 종을 뜻하는 압드에 아흔아홉 개의 가장 아름다운 명칭[2] 중 하나를 붙여 만든

---

[2] 유일하신 분, 정의로우신 분, 전지자, 창조주, 전능자, 심판자, 자비로우신 분, 지혜로우신 분, 빛, 질투하시는 분 등 하느님의 권능이나 속성을 일컫는 99개의 명칭. 100번째 명칭은 부활의 날이 되어서야 알려질 것이라고 한다.

이름도 자주 쓰인다. 이 경우 하느님의 자비와 애정을 나타내는 '은총의 명칭'을 선택하는 것이 일반적이기는 하지만 (이론적으로는) 아흔아홉 개의 명칭이 모두 작명에 사용될 수 있다. 여자아이인 경우 아마트 알-와두드[자애로운 분의 하녀]처럼 압드 대신 아마트[하녀]가 사용된다. 조상, 특히 조부나 조모의 이름이 주어지는 경우도 흔하다. 중세 말기 이후 (처음에는 칭호로만 사용되던) 앗-딘[종교의]을 넣어 이름을 짓는 사례가 늘어났다. 나시르 앗-딘[종교의 조력자], 자인 앗-딘[종교의 장식] 등이 그것이다. 이슬람 세계의 동부 지역에서는 극소수의 부모만이 아랍어 문법에 익숙했던 관계로 아랍인으로서는 이해할 수 없을 정도로 이상한 이름이 지어지기도 했다. 해괴한 이름은 특히 쿠란을 임의로 펼친 다음 그 속에서 가장 먼저 발견되는 의미있는 단어, 예를 들면 (수라 81/13에 적힌) 우즈리파트[낙원이 지척간에 놓일 때]를 택해 이름자로 사용하는 경우에 있을 수 있다. 쿠란을 임의로 펼쳤을 때 접하게 되는 첫째 문자가 이름자의 초성으로 선택될 수도 있다. 쉬아파 무슬림들은 흔히 예언자의 문중과 관련이 있는 이름을 이용하는데, 이것은 순니파 무슬림들에게서도 일반적인 경향이긴 하다. 알리, 하산, 후세인, 자파르, 또는 이러한 이름을 넣어 만든 이름은 이들 이슬람 양대 종파에 속한 무슬림들 사이에 고루 퍼져 있다. 신학적으로 엄격히 따지면 압드, '종'이라는 이름은 하느님의 명칭과 연결해서만 쓸 수 있으나 압드 알-라술[예언자의 종]이라든가, 쉬아파 이맘의 이름과 함께 사용되기도 한다. 이 경우엔 압드가 아니라 아랍어 굴람〔하인〕 혹은 터키어 쿨, 쿨리〔노예〕가 더 적합하다고 생각하는 사람들이 많다. 굴람 후세인, 굴람 사이다인, 즉 하산과 후세인 '두 주군의 노예', 알리쿨리〔알리의 노예〕가 그 예이다. 여성들 사이에는 파티마와 그녀의 별칭, 예를 들어 자흐라〔빛나는 이〕 혹은 바툴〔처녀〕 등이 일반적이다. 초대에서 제3대에 이르는 세 할리파의 이름과 마찬가지로 아이샤라는 이름은 쉬아파 무슬림들이 금기시하는 이름이다.

어떤 성인과의 각별한 관계를 이름을 통해 표현할 수도 있다. 굴람 라바니〔신성한 이(영감받은 사부, 즉 아흐마드 시르힌디)의 하인〕가 그것이다. 터키에서는 사틸미쉬〔팔린 이〕라는 이름도 있는데, 이는 그 부모가 앞으로 태어날 아이를 어떤 사당에 '팔겠다', 즉 맡기겠다는 서원을 했다는 의미이다.

서구에서도 그렇듯이 이름을 통해 자신의 정치적·종교적 이상을 표현할 수도 있어서, 심지어 오마르 샤리프의 매력에 반해 자신의 아들을 혐오의 대상인 오마르라고 붙인 쉬아파 여인도 있다. 이와 마찬가지로 이런저런 정당 지도자나 스포츠 스타에 대한 그 부모의 열의를 보여주는 이름도 있다. 최근에는 정식 이슬람 이름으로 복귀하는 경향이 있는데 특히 이집트와 이란의 경우가 그러하다.

현대 이슬람 사회

무슬림 지식인들은 이미 초창기부터 어떻게 하면 이슬람이 끊임없이 변화하는 정치적·사회적 현실에 발을 맞출 수 있으며, 또 어떻게 하면 고루하고 구태의연한 율법종교의 체계 속에서 화석화하는 것을 막을 수 있을 것인가에 대해 고민했다. 1258년, 몽골군의 침략과 함께 압바스 할리파조가 멸망하고 기존의 정치체제가 대부분 파괴되었을 때, 엄격한 한발리 법학파 신학자인 이븐 타이미야가 일어나 수피주의의 전통을 둘러싸고 있는 비이슬람적 요소와 성인 숭배의 관행을 강력히 반대했다. 그는 무슬림의 종교적인 삶이 너무 피상적인 점에 대해서도 질책했다. 이븐 타이미야(1328 사망)는 율법의 근원으로서 오직 쿠란과 하디스만을 인정하고 스스로 이즈티하드의 권리, 즉 율법학자들이 따르고 있는 기존의 법 전통[마드하브]에 개의하지 않고 이 두 가지 법원에 입각해서 독자적 해석을 할 수 있는 권리를 주장했다. 타협을 모르는 태도로 말미암아 그는 여러 번 옥살이를 해야 했다. 그러나 이븐 타이미야는 이슬람에 대해 새로운 해석을 하고자 한 18, 19세기 무슬림 근대주의자들의 선구자 역할을 한 셈이었다. 무슬림들이 처한 정치적·정신적 상황을 직시하며 이를 심히 우려한 개혁가들이 도처에서 나타나기 시작한 것은 바로 이 시기였다.

그 중 가장 잘 알려진 인물은 아라비아 반도 출신 무함마드 이븐 압드 알-와합으로서 이후 여러 이슬람 근본주의 운동이 그의 이름을 따라 와하비라고 불렸다. 그러나 이븐 압드 알-와합의 추종자들은 무와히둔〔하느님의 유일성을 선포하는 자〕, 진정한 유일신론자로 자칭했다. 이들은 아랍계 호족 알 사우드의 지원을 받아 1803년부터 1806년까지 메카와 메디나를 장악할 수 있었다. 거기서 이들은 예언자의 영묘를 포함하여 영묘숭배 혹은 성인 숭배와 관련된 일체의 흔적을 제거했다. 이집트군이 이들을 내치고 성지를 다시 통치하기까지는 많은 난관을 넘어야 했다. 그러나 그로부터 1세기가 지난 1차 대전 이후 사우드 가문은 다시 아라비아 반도 중부에서 세력을 확장할 수 있었고, 이에 힘을 얻은 와하비들은 자신의 이념을 사우디아라비아 전역에 확산시켰다. 한발리 법학파의 전통을 충실히 지켜 그들은 쿠란과 하디스 이외의 모든 법원을 무시하고 이것만을 율법과 신앙의 근원으로 삼았다.

이븐 압드 알-와합이 활동할 당시 메카에서는 인도에서 온 학자들도 수학하고 있었다. 그중 가장 두드러진 인물은 신학으로 유서깊은 가문에서 태어난 델리 출신 샤 왈리울라(1762 사망)

였다. 성지순례를 마치고 고향으로 돌아간 그는 북인도 지역 무슬림들에게 쿠란의 참뜻을 전하려 노력했다. 그간 세월이 지나면서 씌어진 수많은 철학적·언어학적 또는 신비주의적 주석서와 해설서에 의해 그 참된 의미가 왜곡되고 감추어졌다고 생각한 것이다. 무슬림 사회가 취약해진 주요 원인의 하나로 그는 무슬림들이 명확한 아랍어로 씌어진 성서, 쿠란의 의미를 정확히 이해하지 못하는 것을 꼽았다. 쿠란에 대한 이해를 돕기 위해 샤 왈리울라는 쿠란을 인도 지식인들의 애용 언어인 페르시아어로 번역했다. 그는 자신의 아들들이 같은 작업을 인도 아대륙의 대중언어인 우르두어로 해주기를 기대했다. 개인적으로는 신비주의 전통에 심취해 있었으나 그는 성인 숭배 관행을 철저히 배격했다. 그러나 수차례 영적 체험을 한 그는 자신을 "꾸짖는 역할에 있어서 예언자를 대신하는 존재"로 생각했다. 아랍어로 쓴 주저主著 「후자트 알라 알-바리가」(신의 존재에 대한 완벽한 증명)에서 그는 인도 무슬림 사회의 쇠퇴와 붕괴의 원인을 처음으로 정치적·사회적 요인에서 찾음으로써 이슬람 사상사에 새로운 장을 열었다. 특이한 문체의 아랍어로 쓴 이 「후자트」는 순니파 신학과 법학의 중심지인 카이로의 알-아즈하르 대학의 주교재로 채택되었다.

왈리울라가 활동하던 시기 델리에서는 신비주의 시인 미르 다르드(1785 사망)가 자신의 아버지가 시작한 타리카 무함마디야 (무함마드 추종자의 길) 운동을 주창하고 있었다. 이 운동은 신비주의적으로 심화된 근본주의 운동으로서, 그로부터 약 반세기 후, 인도 북서부에서 일어난 인도 무슬림 해방군 전사들의 이상에 영감을 불어넣었으며 그 단체에 명칭을 제공했다 (그 중에는 샤 왈리울라의 후손도 있었다). 타리카라는 명칭은 이 운동의 추종자들의 삶과 신앙에 예언자의 역할이 핵심적이라는 사실을 말해주고 있다.

18세기 후반에 활동한 여러 다른 운동들 사이에서도 예언자와의 강한 유대감이 두드러지게 나타나고 있다. 이러한 타리카에 참여한 무슬림들로 하여금 사회의 공공부문에 뛰어들도록 유도한 것은 다름아닌 예언자의 행적이었다. 예언자는 종교적 지도자일 뿐 아니라 행정가였으며, 실질적이고 현실적인 정치가였던 것이다. 이러한 성격의 운동 중 가장 중요한 두 그룹은 알제리에 근거를 두었으나 곧 여러 아랍 국가와 수단에까지 퍼져나간 티자니야 운동과, 주로 아프리카 북부와 이 대륙의 중앙부에서 활동한 사누시야 운동이다. 티자니야는 세네갈과 하우사랜드의 한 정치·신비주의 운동에도 영감을 주었으며, 이 운동은 마침내 1802년 오스만 단 포디오(1810 사망)의 영도하에 소코토 왕국을 탄생시켰다. 이 운동은 이미 12세기부터 어느 정도 피상적으로 이루어지기 시작한 서아프리카 지역의 이슬람화를 촉진시켰다.

18세기 동안 유럽 열강은 이슬람 세계에 더 깊숙이 침투해 들어왔다. 특히 인도의 경우가 그러했다. 돌이켜보건대, 편잡 지방의 시크교도와 인도 중부의 마흐라타족과의 싸움에서 인접국, 특히 이란의 도움을 확보하려고 노력한 샤 왈리울라가 델리 왕국을 위협할 세력이 (바로 이웃해 있는) 벵갈 지방에서 싹트고 있다는 사실을 간과했거나 아니면 눈치조차 채지 못한 것은 의아스러운 일이다. 플라시 전투(1757)를 승리로 이끈 영국은 그후 벵갈 지방을 교두보로 삼아 서서히, 그러나 꾸준히 서쪽으로 세력을 확대하고 있었다. 영국의 통치가 확대되면서 무슬림들은 궁지에 몰렸다. 이슬람법에 배치되는 새로운 조세 정책에 의해 주요 아우카프 토지에 대해서도 세금이 매겨졌다. 이 일종의 복지재단에 속한 토지〔와크프(복수는 아우카프)〕는 이슬람 법하에서는 세금을 면제받았다. 여기에서 나오는 수입은 교직원의 급료와 가난한 학생들의 장학금을 포함하여 신학대학과 모스크의 운영에 사용되었다. 시간이 지남에 따라 이러한 조세제도의 변화는 인도 아대륙 내 전통적인 교육체계의 악화를 초래했고, 결국 경건한 무슬림들 사이에 불만을 누적시켰다. 여타의 영국 법령들도 이슬람법과 마찰을 빚으면서 무슬림들에게 부정적 영향을 미쳤다. 이러한 이유로 샤 왈리울라의 아들 중 한 명은 영국의 행정력하에 놓여 있던 지역을 다르 알-하르브〔비무슬림이 통치하는 '전쟁 지역'〕라고 선언하기도 했다. 이로부터 얼마 후인 1835년, 매콜리 칙령의 공포와 함께 공식적인 행정용어로서 페르시아어 대신 영어가 채택되었다. 전통에 충실한 대부분의 무슬림들은 자신의 자녀를 영국인 선교사들이 운영하는 학교에 보내기를 거부했고, 이는 자신을 스스로 공공부문으로부터 격리시키는 결과를 초래했다. 정부 관료가 되는 데 필요한 근대적 서구 교육이 그들에게는 결여되었던 것이다. 극히 일부분의 무슬림들만 델리 대학과 같은 곳에서 수학했다. 이러한 상황은 자연히 각종 사회적 불만을 누적시켰고, 그것은 결국 1857년 뮤티니라고 불리는 인도군의 반란을 촉발시켰다. 영국 황실은 반란을 주도했다는 이유로 무슬림들을 비난하며 인도의 주요 부문에 대한 행정권을 장악했다. 섬세한 시인이자 서예가인 무갈 왕국의 마지막 통치자는 폐위되었다. 1861년, 그는 90세에 가까운 고령으로 망명지 랑군에서 세상을 떠났다.

인도에서와 마찬가지로 여타의 무슬림 세계에서도 식민 통치는 새로운 엘리트 계층의 형성을 촉진시켰고, 이 과정에서 무슬림들은 뒤로 밀려나기 일쑤였다. 헌터가 자신이 쓴 책의 제목에서 "우리의 인도 무슬림 — 그들은 양심상 여왕에게 저항할 수밖에 없는가?"라고 물었듯이, 그들은 흔히 새로운 통치자에 저항하는 폭동의 주동자나 후원자로 인식되었다.

이집트는 1798년 나폴레옹이 행한 원정의 목적지였다. 그 결과 파라오 시대를 기점으로 하는 이집트 문명사에 대한 학문적 연구의 장이 열렸다. 이것은 또한 젊은 무슬림들이 프랑스 문명에 눈뜨는 계기가 되었다. 그러나 19세기 동안 극도에 달한 재정정책의 파탄으로 말미암아 인도로 진출하는 주요 길목에 있던 이 나라의 정치적 실권은 차츰 영국인의 손에 들어가게 되었다. 1882년, 마침내 권력을 거의 모두 빼앗긴 이집트의 지배자 케딥[1]은 크로머 경(1916 사망)의 통제하에 들어갔다.

시리아는 정치적 문제로 진통을 앓았고, 레바논 지역의 통치권은 이미 1842년 종파에 따른 인구 비례에 의해 나뉘었다. 이 분단의 결과는 오늘날에도 그 영향을 미치고 있다.

---

[1] Khediv: 1867년 터키의 술탄이 이집트의 통치자에게 내린 칭호. 페르시아어로 '군주'를 뜻함.

북아프리카에서는 프랑스가 광대한 지역을 차지했고, 이탈리아도 사누시야 형제단의 저항을 받으며 키레나이카를 점령했다. 1821년에 일어난 그리스 폭동으로 인해 오스만 제국은 유럽 내 영토를 일부 상실했으며, 다른 변방 지역도 떨어져나갔다. 오스만 제국의 술탄은 독일로부터 군사 고문단을 초청해 군대의 개혁을 위한 자신의 노력을 돕도록 하기도 했다.

이란 역시 1828년 러시아 군이 사파위 왕조의 발원지인 아르다빌까지 점령하며 북서부 국경을 침범하자 심각한 위기상황에 직면했다. 이때부터 국토가 영국과 러시아의 영향권으로 양분될 때까지 이란은 많은 위기를 겪어야 했다. 1850년대에는 레스기 출신 수피 지도자 샤밀이 코카서스 지방에서 밀려드는 러시아 세력을 물리치려고 무력항쟁을 벌이기도 했다.

이렇듯 정치적 판도가 변함으로 말미암아 무슬림들이 사는 거의 모든 지역에서 정도의 차이는 있으나 심도있는 개혁운동이 일어났다. 개혁운동을 통해 무슬림들은 쇄도하는 서양 문명 앞에서 근대 문명과 발을 맞추면서도 자신의 가치관을 지킬 수 있는 길을 모색했다. 이러한 맥락에서 사람들이 보통 가장 먼저 떠올리는 것은 살라프, 즉 이슬람적 경건성의 진정한 아버지들이라고 할 수 있는 이슬람 초창기의 무슬림 세대의 삶과 사상으로 되돌아갈 것을 목표로 한 학자들에 의해서 추진된 살라피야라고 불린 사조이다. 살라피야 운동은, 시대가 흐름에 따라 새로운 해석이 불가피하기는 하겠지만, 쿠란과 하디스만이 무슬림적 삶의 근원임을 선언함으로써 이븐 타이미야의 관점을 부각시켰다. 범이슬람주의의 주창자 자말루딘 아프가니(1897 사망)는 많은 지식인들에게 영감을 주었다. 그의 사상은 특히 이집트에서 각광받았으며 무함마드 압두(1905 사망)와 그의 제자 무함마드 라쉬드 리다(1935 사망)에 의해서 더욱 다듬어졌다. 이 두 사람은 중세시대에 이루어진 합의, 이즈마를 통해 확정된 결론에 연연하는 기존 법학파[마드하브]들의 체제가 완전히 시대착오라는 견해를 옹호하면서, 모든 법률가들에게 쿠란과 하디스 두 법원을 자유롭게 탐구하고 그에 따라 판단할 수 있는 권한[이즈티하드]이 주어져야 한다고 주장했다. 카이로에서 발행된 「마나르」지를 통해 압두와 라쉬드 리다는 자신들의 주장을 폈다. 그래서 그들과 그 추종자들은 마나르파라고 불렸다. 그들의 주장은 쿠란과 하디스에 대한 새로운 해석을 적용하면 모든 문제가 해결될 수 있으므로 이슬람은 새로운 문명의 도전에 별 어려움 없이 적응할 수 있다는 내용이었다. 이 노선을 따르는 사람들은 — 그들은 이집트뿐 아니라 다른 나라에도 산재해 있다 — 약간의 학문적 능력과 엄청난 열정을 동원해서, 심지어 수소폭탄까지 포함하여 현대사회가 이룬 과학적 발명과 사회 발전의 근거를 쿠란 속에서 찾아내고자 했다. 이 탐구열과 결부된 자만심이 그들로 하여금 자신들의 '현대적·과학적 (쿠란) 해석'을 가끔 과대평가토록 한다는 점은 이해하기가 어렵지 않을 것이다.

근대주의적 사고의 토양은 특히 인도에 풍부했다. 영국 출신 선교사들의 활동에 대한 반작용으로 신학자와 저술가들은, 선교사들이 주장하는 것과는 달리, 이슬람이 퇴보적인 종교가 아니라 한치의 모자람 없이 현대사회와 공존할 수 있는 종교라는 사실을 증명하고자 노력했다. 하긴 크로머 경이 "개혁된 이슬람은 더 이상 이슬람이 아니다"라고 주장하지 않았던가? 19세기에 씌어진 예언자의 전기들에도 반영된 이러한 형태의 주장에 대해 누군가 반론을 펴야 했던 것이다!

비록 자말루딘 아프가니가 등을 돌렸고, 또 많은 경건한 무슬림들로부터 네챠리[자연주의자]라는 비난도 받았지만, 가장 근대주의적인 사조의 대변인은 사이드 아흐마드 칸 경(1898 사망)이었다. 그의 훌륭한 업적은 1875년 알리가르에 앵글로-무슬림 대학을 설립한 것으로서, 이는 후에 종합대학으로 성장하여 근대주의적 사상의 중심지 중 하나가 되었다. 영국을 좋아한 사이드 경은 무슬림들에게 1885년에 설립된 인도 최초의 정치조직인 인도 국민회의 활동에 참여하지 말라고 충고했다. 그는 민주주의 원칙에 의해 선출된 의회에서 무슬림들은 선거에서 다수를 점할 힌두교도들에게 밀려나 항상 소수파로 남을 것이라고 우려했다. 혹자는 이러한 우려 속에 이미 1947년에 이루어진 인도 아대륙 분리의 씨가 있었다고 보기도 한다. 사이드 경이 주도했으며 우르두어를 사용하는 중상류층 자제들의 교육이 주된 관심이었던 알리가르 운동은 살라피-수피 전통에 입각해서 세워진 적대적인 데오반드 학파로부터 신랄한 비판을 받았다. 데오반드 학파의 추종자들은 영국에 적대적이었으며 후에 인도 아대륙의 분리에도 반대하는 투쟁을 했다.

19세기말에 이르러 과거 이슬람이 누렸던 영광을 노래하는 문학작품이 등장했으며, 개혁의 필요성을 역설하는 우르두어 소설들이 나오기 시작했다(터키에서도 유사한 경향을 발견할 수 있었다). 여성과 소녀들을 위한 새로운 교육방식의 필요성이 이들 작품의 주요 주제 중 하나로 등장했다.

사이드 경은 우르두어로 쓴 수많은 글과 책을 남겼다. 그의 사상은 벵갈과 신드 지방에 알리가르와 유사한 형태의 교육기구 설립을 유도했고, 델리에 이어 인도 이슬람 문화의 중심지인 니잠 지방의 하이데라바드에까지 영향을 미쳤다. 무슬림들의 교육이 중요했지만 그보다 더는 아니라도 그에 못지않게 중요하다고 생각된 것은 유럽인들에게 이슬람 문명의 유연성과 높은 수준을 인식시키는 작업이었다. 사이드 아미르 알리(1928 사망)는 그래서 「이슬람의 정신」(1897)이라는 제목으로 예언자의 전기와 이슬람의 역사를 엮어 출판했다. 이 책에서 그는 이슬람이 진보와 공존할 수 있을 뿐 아니라, 이슬람 자체가 진보를 의미한다고 주장했다. 이 책은 서구에서 널리 읽혔다.

1906년, 다른 인물들과 더불어 아가 칸이 주도한 무슬림 연맹이 창립되면서 인도 아대륙에서 무슬림들을 대표하는 정치조직이 활동을 개시했다. 1차 세계대전이 벌어지던 동안과 그 이후 잠시 조용하긴 했지만, 힌두교도와 무슬림 사이의 지역적 갈등이 점증하고 또 격렬해지는 상황 속에서 이는 하나의 중요한 진전이었다. 간디조차도 당시 오스만 제국의 할리파를 정신적 지도자로 옹립하자고 한 인도 무슬림들의 이른바 힐라파트 운동을 지지했다. 그러나 1924년, 아타투르크가 할리파를 폐위시킴으로써 이 운동은 무산되고 말았다.

그러나 그러면 이제 "누가 정통 할리파[후계자]인가?"라는 질문이 무슬림들 사이에서 계속 논의되었다. 터키 등지의 세속주의 경향에 대해서는 비판적이었지만 무함마드 이크발 경은 터키 국회가 오스만 제국의 정통 계승자라고 생각했다. 다만 타국가에 대한 사법적 권위는 물론 영적 권위를 행사할 수 없다는 조건을 붙였다. 오늘날은 45개국이 참여하고 있으며 적어도 이론적으로는 모든 무슬림을 위한 일종의 포괄적 기구로 인식되는 ICO[이슬람회의기구]가 거론될 수 있을 것이다.

힐라파트 운동이 시작한 이래 점점 더 중요성이 부각되고 있으나 한번도 만족할 만한 대답이 주어지지 않은 질문이 하나 있다. "이슬람 국가란 무엇인가?"라는 것이다. 19세기말 터키에서는 민족주의니 조국[와탄]이니 하는 개념이 등장해서 오스만 제국의 술탄을 대단히 우울하게 만들었다. 이어 20세기에 들어서면서 정치적 지평에 떠오른 것은 보편적 이슬람의 이상과 민족적 이해관계를 어떻게 정립하느냐 하는 문제였다. 이슬람 국가는 꼭 샤리아에 의해서만 통치되어야 하는가? 국가의 헌법은 어떠해야 하는가? 그것은 민주주의일 수 있는가? 민주주의 이상을 옹호한 이들은 수라 42/36에 언급된 슈라[백성들 사이의 협의(의 원칙)]에서 그 정당성을 찾았으며, 이 개념은 바로 민주 정체를 지칭하는 것으로 이해되었다.

개혁과 관련해서 필히 언급되어야 할 운동이 하나 있다. 인도에서 성장한 운동으로서 미르자 굴람 아흐마드(1908 사망)의 가르침에 기반을 둔 아흐마디야 운동이 그것이다. 이 운동은 대단히 경건하고 율법에도 충실한 편잡 지방 출신의 무슬림 미르자 굴람 아흐마드가, 다소 모호하기는 했으나, 자신이 마흐디 혹은 메시아라고 선언하면서 시작됐다. 대부분의 무슬림들은 이러한 그의 주장을 처음부터 강력하게 반대했다. 그들의 눈에 그것은 무함마드가 마지막 예언자라는 교리에 배치되는 것이었다. 1953년, 파키스탄에서는 아흐마디야 운동에 반대하는 심각한 정치적 소요사태가 발생했다. 그 원인은 순수하게 종교적이라기보다는 사회적 성격의 것으로 추측되는데, (소수집단에 있어서 전형적인 현상으로서) 아흐마디야 운동의 탁월한 교육지원 체제로 인해 국정의 요직이 상당 비율 이 운동의 추종자들에 의해 점유되었기 때문이다. 유럽과 아프리카에서 이슬람을 전파하기 위해 그동안 광범위한 노력을 기울인 것으로 명성을 얻은 아흐마디야 운동은 오랜 갈등 끝에 결국 1974년 '비이슬람적'이라고 규정되었다.

　아흐마디야 운동에 대해 가장 비판적이었던 인물 중 한 명은 인도인은 물론이고 무슬림 개혁자 가운데 조금도 과장 없이 가장 매력적이라고 할 수 있는 무함마드 이크발(1877~1938)이었다. 대부분의 다른 개혁가들이 우선 유럽 언어와 문화를 모르거나 조금 안다 하더라도 선교사들이 운영하는 학교에서 제공된 영국 혹은 프랑스 역사에 대한 단편적 지식밖에 없다는 약점을 지니고 있던 반면, 이크발은 캠브리지 대학에서 법학과 철학을 수학했고 뮌헨에서 「페르시아 형이상학의 전개」라는 제목으로 출판된 탁월한 논문으로 박사학위를 받았다. 그는 헤겔 철학에 깊이 발을 들여놓았고, 후에는 베르그송, 니체, 아인슈타인 등에도 심취했다. 특히 괴테의 작품은 그에게 깊은 인상을 남겨주었다. 이크발의 최대 관심사는 유럽 사상과 이슬람 이상을 접목시키는 작업이었다. 그는 그리스도교를 약화시킨 것과 마찬가지로 이슬람 사상을 덮어버린 고전적 헬레니즘 세계관과는 현격한 대조를 보이는 역동성力動性이 이슬람의 진정한 토대라고 생각했다. (현대 종교사가는 아마도 즉시 예언자적-역동적 태도와 신비적-정관적 태도 사이의 대조를 머리에 떠올릴 것이다.) 수세기 동안 이슬람의 역동성은 딱딱하게 화석화한 교리와 사람들을 최면상태로 끌고가는 범신론적 신비주의에 가려져 있다고 이크발은 주장했다. 그에 따르면 쿠란은 사람들이 점차적으로 더 높은 체험의 세계로 오르도록 가르친다. 즉, 지상에서의 하느님의 대행자인 인간은 악한 힘과의 끊임없는 투쟁을 통해 자신의 인격과 개성을 연마하여 점차 저 완벽한 인간의 지위를 얻도록 부름받고 있다. 여기에는 무슬림 신비주의 지도자들이 추구한 이상이나 니체의 초인의 추구가 반영되어 있다. 그러나 이크발이 꿈꾼 이상적 인간, 진정한 의미에서의 '하느님의 사람'은 하느님으로부터 멀리 떨어져 있지 않았으며 니체가 주장한 '하느님이 죽은 다음'에 나타나는 존재는 더욱 아니다. 오히려 이 이상적 인간은 하느님과의 관계를 통해서만, 즉 하느님의 종으로서만 존재한다. 하느님의 종이 된다는 것은 (인간이 누릴 수 있는) 최대의 자유이다. 자신이 접한 최상의 신비체험과 관련해서 이슬람의 예언자가 쿠란 두 곳(수라 17/1과 53/9)에서 자신을 압두후〔그분의 종〕라고 하지 않았던가?

 이크발이 주창한 자아의 철학, 즉 개인의 창조적 힘이 지속적으로 개화하는 과정은 인간 존재의 개인적 측면에 대한 사상뿐 아니라 정치철학에서도 기초를 이루고 있다. 공동체도 자신이 가진 모든 가능성을 계발하고 이용해야 한다는 것이다. 그렇게 해야만 공동체도 (개인이 그럴 수 있는 것과 똑같이) 너그러워질 수 있는데, 왜냐하면 관용이란 다른 이들의 개성을 존중하는 강자의 태도이기 때문이다. 이크발에게 있어서 이슬람은 이상적인 국가를 위한 기초이자 토대였다. 이슬람만이 순수한 유일신론을 구현하며, 이슬람만이 모든 신자들 사이에 진정한 형제애를 실현하기 때문이다. 1928년, 이크발은 인도의 여러 대학을 순회하며 후에 「이슬람 종교사상의 재건에 관한 여섯 편의 강의」라는 이름으로 출판된 일련의 강연을 했다. 여기서 그는 현대 그리스도교 심리학이나 종교사학의 연구 결과들과 잘 부합하는 서구와 이슬람의 철학적 이론들을 능란하게 제시하면서 이슬람에 관한 자신의 사상을 입증하려 노력했다. 그러나 그의 사상이 더 매력적인 형태로 표현된 것은 그가 남긴 수많은 시를 통해서였다. 그의 시는 부분적으로는 모국어인 우르두어로, 또 부분적으로는 이란과 인근의 페르시아어 사용권 지역, 그리고 오리엔트 학자들 사이에 더 널리 읽힐 수 있도록 페르시아어로 썼다. 이크발의 「파얌-이 마슈리크」〔동방의 메시지〕는 괴테의 「동-서양의 디반」에 대한 화답이었다. 괴테의 영향은 그의 많은 시에서뿐만 아니라 그의 세계관 전반에 걸쳐서도 발견할 수 있다.

    페르시아어로 쓴 「자비드나마」는 이크발의 작품 중 아마도 가장 인상적이고 충격적인 시일 것이다. 단테(1321 사망)의 「신곡」에서 영감을 얻은 이 작품은 영혼의 저승 여행을 다루고 있다. 천국 여행에서 그를 안내한 인물은 마울라나 잘라루딘 루미로서 이크발의 전 작품을 통해 영적 스승으로 등장한다. 루미의 작품 속에서 이 인도 출신의 무슬림 사상가는 인간의 기도에 대답하는, 아니 기도를 하도록 영감을 주는 인격신에 대한 참으로 이슬람적인 관념과 아울러 무한한 새로운 영적 지평을 정복할 수 있도록 구도자에게 날개를 달아주는 한없는 역동적인 사랑의 관념을 발견했다. 이 점에서 그는 통상적으로 이븐 아라비 학파의 철학적 가르침에 입각해서 루미의 글을 해석하는 여타의 루미 찬양자들과 대조를 이루고 있다.

이크발은 인간의 영혼을 개조하고 이슬람과 무슬림들 속에 잠자고 있는 힘을 눈뜨게 할 수 있는 역동적 사랑에 기초한 탁월한 사상의 틀을 제시했다. 그의 비전은 결국 오늘날의 파키스탄 건국을 이끌어냈으며, 그 청사진은 이미 1930년 인도 무슬림 총연맹 연차대회에서 의장으로서 행한 연설 속에 언급된 바 있다. 파키스탄인들은 그래서 그를 파키스탄 건국의 정신적 아버지로 여기고 있다. 그러나 그의 사상과 시가 끼친 영향은 이슬람 세계 동쪽의 다른 국가에서도 감지할 수 있다.

제2차 세계대전이 끝난 후 수십년 사이에 이슬람 세계는 지난 수백년 동안 변한 것보다도 더 큰 변화를 겪었다. 파키스탄과 리비아, 인도네시아와 (아프리카) 황금해안, 그리고 이 외에도 수많은 지역에 독립국이 들어섰다. 아랍 국가들은 세계 정치무대에서 주요한 역할을 하게 되었다. 1917년의 발포어 선언에 기초하여 이루어진 1948년의 이스라엘 건국은 많은 이슬람 국가에게 해결이 거의 불가능한 과제를 안겨주었고, 한편 꾸준히 확장하고 있는 — 한때 단일 공동체로서 인식되었던 — 이슬람 세계 속에서 우리는 상호 모순적인 많은 유형의 이슬람을 보게 되었다. 한 벨기에 출신의 이슬람 학자는 '무슬림들과 그들의 이슬람들'이라고 복수형 어미를 붙이기까지 했다. 한편에는 가다피의 리비아가 있고, 다른 한편에는 수피 형제단들의 영향 속에서 교묘한 방법으로 공산주의 정권과 투쟁하고 있는 중국과 중앙아시아의 무슬림들이 있다. 이들은 (서예를 비롯하여) 독창적이고도 멋진 그들 자신만의 무슬림 문화를 이루어냈다. 라비타와 같은 세계적인 조직, 그리고 그칠 것 같지 않은 재정적인 지원 덕분에 강한 영향력을 행사하고 있는 사우디아라비아의 와하비주의는 아타투르크에 의해 세속화된 터키의 이슬람과 대비될 수 있다. 수세기 전 사변적인 신비주의자들과 무슬림 상인들을 통해 전파된 동남아시아 여러 나라의 이슬람은, 신지학적인 관심과는 다소 거리가 먼 대신, 세네갈의 무리딘파 무슬림들처럼, 무슬림 윤리를 '실질적으로' 적용시키는 문제에 관심이 많은 듯한 아프리카 흑인들의 이슬람과는 상이하다.

각별한 관심을 끄는 것은 터키의 상황이다. 금세기초 이미 지아 괴칼프(1924 사망)가 터키의 '서구화, 터키화, 이슬람화'에 대해 말한 바 있으나 1차대전 이후 시행된 아타투르크의 개혁은 이슬람적 과거와의 완전한 결별을 추구했다. 그러한 개혁은 이슬람법을 유럽적인 법, 주로 스위스법으로 대체시킴으로써 뿐만 아니라, 더 나아가 1928년 아랍 문자 대신 로마자를 차용하면서 초래된 결정적인 문화적 변혁을 통해 이루어졌다. 엄격히 세속주의적인 교육을 시행한 지 25년이 지나서 정부는 종교과목을 학교에 재도입했고, 1949년에는 장래의 설교자와 이맘들을 육성하도록 앙카라에 일라히야트 파퀼테시〔이슬람 신학부〕가 설치되어 학생들은 고전적인 이슬람학뿐만 아니라 비교종교학, 사회학, 종교심리학 등 현대적인 학문을 연마하게 되었다. 우리가 아는 한, 여타 이슬람 국가엔 이와 유사한 교육기관이 없다. 40여 년이 경과하는 동안 터키 전역에 이와 같은 신학부가 많이 생겨났다. 차이가 있다면 1950년대엔 여학생들이 머리를 가리지 않았는데 지금은 그런다는 점이다.

특히 지난 10여 년 사이 파키스탄에서는 흔히 자카트 기금으로부터 지원받는 종교학교와 종교 전문대학의 수가 상당히 증가했다. 그러나 이곳에서는 개방적인 성격의 이슬람과 신비주의적인 이슬람, 그리고 근본주의적 이슬람이 공존하는 가운데 정치적·교육적 주도권을 놓고 서로 경쟁하고 있다. 밖으로는 드러나지 않는 전통적인 수피 교단의 연대 조직도 파키스탄 사회의 구조 속에서 한몫을 하고 있다.

공식적으로는 세속적 국가인 인도의 무슬림들은 수피주의에 기우는 경향이 있는 듯하다. 이는 아마도 힌두교 근본주의가 부상하는 가운데 1억 명이라는 상대적 소수민족으로서 살아야 하는 그들에게 수피 전통이 약간의 위안과 영적 힘을 제공하기 때문일 것이다. 한편 인도 전역에 걸쳐 순니파 무슬림들과 쉬아파 무슬림들 사이의 마찰이 드물지 않다.

이집트에서는 시계의 추가 그 방향을 여러 번 바꾸었다. 한편으로는 무슬림 형제단에게 가해졌던 이전의 탄압, 그리고 다른 한편으로는 전통적인 이슬람적 가치체계로 돌아가려는 노력을 생각해 보면 이를 알 수 있다. 주로 1940년대에 활동적이었던 무슬림 형제단은 자신들에게 있어 "이슬람은 신앙이자 예배이고, 조국이자 민족이고, 종교이자 국가이고, 혼魂이자 손이고, 쿠란이자 칼이다"라고 명시한 한 성명서 속에서 그들이 추구하는 정교일치의 이상을 잘 표현하고 있다. 아마도 이 글은 이른바 근본주의적이라고 불리는 다른 모든 집단에도 적용할 수 있을 것이다.

1979년, 이란에서의 혁명은 대부분의 서구 목격자들을 놀라게 했다. 팔레비 왕조(1924~1979)에 의해서 강력히 추진된 서구화를 위한 노력이 있은 후 이를 뒤엎고, 표면적으로는 타협을 모르는 열두 이맘파 쉬아의 이상을 기치로 내건 정부가 들어선 것이다. 이러한 변화를 평가함에 있어 우리가 결코 간과하지 말아야 할 것은 많은 이슬람 국가에 있어서 대중들의 정서는 극히 과장된 현대화라는 주제에 대해 다분히 회의적이며, 그것을 진심으로 받아들이기를 여전히 꺼리고 있다는 사실이다. 팔레비 이후의 이란이 서 있는 이론적 토대는 다른 여러 사상들 중에서도 특히 이크발의 생각을 다듬은 알리 샤리아티(1975 사망)의 글을 통해서 부분적으로 이해될 수 있다. (내친김에 한마디 덧붙이면, 사우디아라비아의 와하비파 무슬림들은 이크발 식의 이슬람 개혁을 대부분 거부한다.)

'근본주의자'로 간주되는 무슬림들이 출현한 것은 수긍이 가는 일이며, 종교사학자에게는 거의 논리적인 귀결로 보인다 (원래 이 용어는 19세기말 아메리카에서 발생한 일련의 그리스도교 집단들을 지칭하는 개념이었다). 전승된 가치체계가 모두 의미를 상실하고, 서양의 영향하에서 전혀 상이한 가치체계에 의해 가차없이 대체된 듯한 것이다(서양에서 제작된 영화와 비디오가 이 과정에 미친 영향은 아무리 강조해도 지나치지 않을 것이다). 이제 남은 희망은 만사가 제자리에 있던 예언자 당시의 좋았던 옛 시절로 돌아감으로써 서양 문명, 아니 그보다도 대중매체 시장을 통해 제공되는 그들의 만화영화에 대항하여 모종의 방어벽을 구축하는 일이다. 한편 근본주의자들은 나름대로 간단명료한 가르침을 제시한 반면, 다른 무슬림들 사이에서는 대중을 끌어당기고 그들에게 믿을 만한 방향감각을 제시할 수 있을 정도로 부르주아적인 자유사상이 형성된 적이 없었다. 또한 많은 이슬람 국가의 주민들은 자유주의도 사회주의도 새로운 정치적·사회적 문제를 해결할 수가 없었다는 유감스러운 진실을 이미 경험했다. 그리하여 이슬람의 곧은 길과 전승된 의례, 그리고 이슬람 법전통으로 짜여진 안전망만이 이 세상과 저 세상에서 그들의 구원을 확실히 해줄 수 있는 유일한 길로 남게 되었다. 적어도 많은 무슬림들에게는 그렇게 보이는 것이다. 이슬람의 어휘에는 정확히 '세속주의'에 해당하는 단어가 없다는 사실도 잊어서는 안될 것이다. 이를 번역하는 데 흔히 사용되는 아랍어 라 디니[비종교적, 종교가 없는]는 고로 대단히 부정적인 느낌을 준다. 내친김에 한마디 더 하면, 어떤 진보적인 무슬림은 이슬람을 현대문명 내지는 최근의 정치적 경향과 조화시키려고 예언자를 사회주의자, 아니 더 나아가 문자 그대로 마르크스주의자로 묘사하는 데 조금도 주저하지 않았다!

일반 무슬림에게서와 마찬가지로 근본주의자들에게 있어서도 대단히 중요한 화제는 여성의 지위에 관한 문제이다. 그들을 엄격하게 격리시키거나 가두어두는 것이 과연 오늘날 가능할까? 많은 이슬람 국가에는 (예를 들면 파키스탄에서처럼) 다른 여성들에게 이슬람법에 명시된 그들의 권리를 일깨워주려고 노력하는 상당수의 고학력 여성들(교수, 정치가, 법률가 등)이 있었고 또 있다. 사우디아라비아의 경우 이 문제는 여성만을 위한 학과와 여성 임직원에 의해서 운영되는 여성 전용 은행의 설치를 통해 당분간 해결되었다.

이로써 지난 수년간 자주 논의된 이슬람적인 은행의 문제와 만나게 되었다. 쿠란은 리바〔이자〕를 금하고 있다. 그러나 여기에서 문제가 되고 있는 것은, 몇몇 근대주의자들이 주장하듯, 이 금지사항이 지나친 고리대금에만 해당하는가, 혹은 무슬림들이 국제적인 비지니스에 성공적으로 참여할 수 있도록 어떤 다른 전략을 찾아야 할 것인가 하는 것이다. 이미 중세 시대에 다루어진 법이론으로서 투자에 따른 손익을 함께 나누어갖거나, 또는 이자 문제를 피하기 위해 가상판매 방식을 취하는 오랜 관행은 오늘날에도 여전히 통용되고 있다.

서양의 대학에서 수학하는 여성 무슬림의 숫자는 상당하다. 파키스탄이 하버드와 옥스퍼드 대학에서 공부한 여성 수상에 의해 잠시 영도되었다는 사실은 특기할 만하다. 그보다 더 놀라운 것은 (비록 이에 대한 보도는 적었지만) 서양에서 수학한 배경이 없는 여성 수상이 방글라데시에 있다는 사실일 것이다. 이러한 사실은 여성들도 공공부문에서 적극적인 역할을 할 수 있다는 가능성을 시사하고 있다. 이와 관련하여 두 가지 변화가 주목할 만하다. 이슬람으로 개종한 사람들 중에는 여성의 숫자가 남성의 숫자에 앞서고 있다. 그리고 서양에서 여성 무슬림들, 특히 최근에 개종한 여성들 사이에서 전통적인 삶의 방식을 따르려는 경향이 증가하는 추세이다. 이는 디아스포라에서 살아가는 무슬림으로서 이슬람의 이상에 적극 참여하는 것이 그들 자신에게 중요하다고 스스로 느끼기 때문이다. 그리하여 점점 더 많은 소녀들이 머리카락을 모두 감추는 스카프[히잡]와 긴치마를 착용한다(물론 유럽 내 터키 소녀들 사이에서도 마찬가지이지만, 적어도 아메리카에서는 그렇다). 선글라스는 이성과의 눈맞춤을 피하는 데 이용된다.

가족을 데리고 독일로 이주하는 터키 출신의 노동자이든, 아니면 영국으로 이주하는 인도-파키스탄인들이든 무슬림 국가들로부터 유럽으로 이주하는 사람들의 숫자는 꾸준히 증가하고 있다. 이로 인해 문화적응 문제가 쌓여가고 있다. 어느 곳에서나 모스크, 혹은 집단예배를 위한 공간이 늘고 있다. 런던 한 도시만 하더라도 800여 개소의 예배 장소가 있다. 독일 내 터키 출신 어린이들, 프랑스 내 북아프리카 출신 어린이들, 영국, 캐나다, 미국 내 인도-파키스탄 출신 어린이들에 대한 종교교육 문제는 근본적으로 재고되어야 할 것이다. 서양 현지의 교사들은 이슬람 문화와 종교적 가치규범에 대해 최소한의 지식을 갖추도록 의무화되어야 할 것이다. 이와 더불어 무슬림들에게는 돼지고기와 일정한 의례 절차를 거치지 않고 도살된 가축의 고기를 섭취하는 것이 금기시되어 있으므로, 어떻게 해야 적절한 급식을 할 수 있는가 하는 문제가 있다. 이주자들에게 무엇보다도 가장 중요한 의무사항은 조상의 문화적 전통을 자녀들에게 알려주는 일이다. 흥미롭게도 조상의 문화와 언어가 지닌 매력을 새롭게 발견하는 층은 흔히 온갖 서양문명에 흠뻑 젖은 이민 3세대 젊은이들이다. 북미에서는 어린이들과 십대 청소년들이 놀이를 통해 자신의 문화적 배경에 대해서 얼마간 배우게 되는 여름학교가 열리기도 한다. 많은 모스크에는 순니파, 열두 이맘파 쉬아, 혹은 이스마일파 무슬림들의 '일요학교'가 개설되어 있다.

　미국 내에서 가장 활동적인 집단 중 하나는, 초창기에 있었던 우여곡절은 뒤로하고 점점 더 전통적인 무슬림 주류에 접근하려 노력하고 있는 흑인 무슬림들이다. 워싱턴이나 휴스턴 등 몇몇 도시에서는 교도소 수감자들에 대한 열정적인 선교활동을 통해서 이들이 경찰당국보다 더 성공적으로 마약문제를 해결하고 있어 매우 흥미롭다. 이들은 많은 형사 전과자들에게 개과천선의 동기를 줄 수 있었다.

　매년 그 활동이 두드러지고 있는 이른바 근본주의적인 움직임들이 공유하고 있는 하나의 경향은 그들이 쿠란이 내포하고 있는 종교적인, 그리고 신비적인 내용에 대해서는 극히 제한된 관심밖에 갖고 있지 않다는 사실이다. 그들은 이보다 이슬람의 법적·율법적 측면을 강조한다. 근본주의자들에게는 쿠란으로부터 모든 신화적 요소를 제거하려는 경향이 보인다. 신앙의 깊은 종교적 신비는 흔히 간과된 채, 그들의 설교는 사회적·정치적 이슈에 대한 논의로 가득 차 있다.

이러한 태도는 수피 형제단의 활동을 통해 상쇄되고 있다. 비록 몇몇 교단은 전통적 정통 이슬람에서 다소 벗어나 있고, 또 정확히 이슬람답다고 할 수 없는 형태의 예배의식이나 수피 댄스와 관련이 있음에도 불구하고 (혹은 오히려 그때문인지) 지난 수십년간 다양한 수피 교단이 구미 여러 나라의 구도자들을 매혹시켰다. 이들 외에도 여러 전통적 내지 전통주의적인 형제단이 서구사회에 뿌리를 내렸다. 샤딜리야의 분파로서 북아프리카에서 건너온 다르카위야는 상당수의 고등교육을 받은 유럽인과 아메리카인들을 매료시켰다. 더 나아가 다양한 수피 회관, 특히 페르시아계 니마툴라히 교단의 회관 하니카는 유럽과 아메리카뿐만 아니라 아프리카 서부와 오스트레일리아에서도 그 수가 급증하고 있다. 이들 중 몇몇 회관은 아랍어, 페르시아어, 터키어 고전을 새로 번역한다거나 기존의 번역물을 재인쇄해서 수피주의와 이슬람 일반에 대한 지식을 더 많은 독자에게 전달할 수 있도록 출판사업에 관여하고 있다. 서양, 특히 미국 대학에서 강의하는 무슬림 학자들의 수가 꾸준히 증가하고 있다는 사실도 간과해서는 안될 것이다. 이슬람 세계 모든 지역에서 현지로 진출한 이들은 물리학부터 경영학까지 다양한 전공 분야를 가르치고 있다.

이러한 상황은 (국제결혼을 통한 이슬람에로의 개종을 포함해서) 새로운 문제, 즉 어떻게 하면 디아스포라에서 참으로 이슬람적인 삶을 살 수 있는가라는 문제를 야기시키고 있다. 무슬림들이 소수집단을 이루고 있는 많은 나라에서 그들은, 지역에 따라서는 근소한 차이뿐인 다수집단과 종종 긴장상태에 놓여 있다. 많은 무슬림들, 특히 제3세계 무슬림들은 이슬람의 승리를 위해 숫적인 우위가 중요하다고 생각하므로 (인도와 중앙아시아 지역이 그 전형적 예를 보여주듯이) 자녀를 더 많이 가지려는 경향이 있어, 이슬람법이 피임을 허용함에도 불구하고 출산율의 증가를 막기가 어렵다.

이슬람 세계는 현재 변화의 과정을 경험하고 있다. 그러므로 이슬람의 미래, 그리고 그의 역할이 어떻게 될지를 정확하게 예측한다는 것은 불가능하다. 다만 근대주의자들에 의해 끊임없이 인용되고 있는 쿠란 구절 하나를 독자에게 상기시킬 수는 있을 것이다. "실로 하느님은 한 백성이 (마음속에) 지니고 있는 것을 스스로 변화시키지 않는 한, 그들의 처지를 (결코) 변화시키지 않으시니라"(수라 13/12).

이슬람 문명을 연구하는 학도가 바랄 수 있는 것은 다만 이크발과 같은 지도자들이 역설한 일종의 역동적인 이슬람이 여러 무슬림 민족에게 새로운 활력소를 불어넣어 이슬람의 진정한 가치가 구현되는 밝은 미래로 그들을 인도해 주기를 바랄 뿐이다. 그러나 어떻게 하면 사람들이 그러한 방향으로 변하게 될까? 그것은 쿠란의 말씀을 통해 자신을 드러낸 하느님의 인도에 자신을 맡김으로써, 그분이 (인류를 위해) 준비한 운명은 그분 자신이 무한하듯 무한하므로 자신의 작은 의지를 성스러운 그분의 의지에 일치시키기 위해 노력함으로써, 성스러운 지혜에 응하고 자신에게 주어진 의무를 다함으로써, 모든 것을 포괄하는 하느님의 통치권과 그분의 불가사의한 초월성을 인식함으로써 이루어질 수 있을 것이다. 왜냐하면 그분은 하느님이시고, 그분 외에는 다른 하느님이 없으며, (그분은) 보이는 것이나 보이지 않는 것이나를 (막론하고 모든 것을) 아시는 분이며, 그분은 자비로우시고 자애로우신 분이며, 그분은 하느님이시고, 그분 외에는 다른 하느님이 없으며, (그분은) 임금님이시고 신성하신 분이며, 평화를 주시는 분이고 수호자이시며, 보호자이시고 강력하신 분이며, 위대하신 분이고 지극히 높으신 분이[기 때문이]니라. 저들이 무어라 말하든, 그보다 (훨씬) 더 높이 계신 하느님께 영광이 있으소서! 그분은 하느님이시고 창조주이시며 형성자이시니라. 가장 아름다운 명칭들이 모두 그분의 것이니라. 하늘과 땅에 있는 모든 것이 그분을 찬양하고 있으며 그분은 강력하시고 지혜로운 분이시니라(수라 59/23-24).

참 고 서

지난 20년간 이슬람에 관한 문헌은 극적으로 늘어났다. 무슬림들이 쓴 작품들도 그렇고, 사회학적 연구들도, 특별한 문제들에 관한 조사도, 미술과 음악 역사에 관한 저술들도 그렇다. 여기서는 소수의 제목만 꼽을 수밖에 없다.

Ahmed, Akbar S., *Discovering Islam: Making Sense of Muslim History and Society*, London and New York, 1988.

Ali, Syed Ameer, *The Spirit of Islam*, London, 1922.

An Historical Atlas of Islam, edited by William Brice, Leiden, 1981.

Andrae, Tor, *In the Garden of Myrtles: Studies in Early Islamic Mysticism*, translated from the Swedish by Birgitta Sharpe, foreword by Annemarie Schimmel, with a biographical introduction by Eric Sharpe, Albany, 1988.

Arberry, Arthur J., *Aspects of Islamic Civilization*, Ann Arbor, 1967.

———, *The Koran interpreted*, 2 vols., London and New York, 1955.

———, (editor), *Religion in the Middle East*, 2 vols., Cambridge, 1969.

Arnold, Sir Thomas, *The Preaching of Islam*, London, 1898.

Bausani, Alessandro, *Persia Religiosa*, Milan, 1959.

Bell's Introduction to the Qurʾan, completely revised and enlarged by W. Montgomery Watt, Edinburgh, 1970.

Bousquet, Georges-Henri (editor), *al-Ghazālī, Ihyāʾ ʿUlūm al-dīn or Vivification des sciences de la foi*, Paris, 1955. [Analysis and index with the collaboration of a team of Arabists.]

———, *Les grandes pratiques rituelles de l'Islam*, Paris, 1949.

Calverley, Edwin Elliott, *Worship in Islam*, London, 1947, reprinted in 1957.

Chittick, William, *The Sufi Path of Knowledge: Ibn ʿArabi*, Albany, 1989.

——, *The Sufi Path of Love: The Spiritual Teachings of Rumi*, Albany, 1983.

Le Coran, interlinear (French) translation and notes by Muhammad Hamidullah, Paris, 1959.

Le Coran, (French) translation by Regis Blachère, 3 vols., Paris, 1947~51.

Corbin, Henry, *L'homme de lumière dans le soufisme iranien*, Paris, 1971. German translation by Annemarie Schimmel: Die smaragdene Vision. Der Lichtmensch im iranischen Sufismus, Munich, 1989. English translation by Nancy Pearson: *The Man of Light in Iranian Sufism*, Boulder and New York, 1978.

Cragg, Kenneth, *The Call of the Minaret*, New York, 1956.

——, *The Event of the Qurʾān: Islam in its Scripture*, London, 1971.

——, *The Pen and the Faith: Eight Modern Muslim Writers and the Quran*, London and Boston, 1985.

[All works by Kenneth Cragg are stimulation and interesting.]

Denny, Frederick Mathewson, *An Introduction to Islam*, New York and London, 1985.

Dictionary of Islam, ed. A. J. Wensinck and J. H. Kramers, Leiden, 1941.

Donaldson, Dwight M., *The Shiite Religion*, London, 1933.

Eaton, Charles Le Gai, *Islam and the Destiny of Man*, Cambridge and London, 1985.

Encyclopedia of Islam, New edition, Leiden, 1960~. Leiden and New York.

Ende, Werner and Steinbach, Udo (editors), *Der Islam in der Gegenwart*, second edition, Munich, 1989.

Endress, Gerhard, *Introduction to Islam*, translated by Carole Hillenbrand, Edinburgh, 1988.

Esposito, John, *Islam: The Straight Path*, New York, 1988, 1991.

Gardet, Louis and Anawati, C. G., *Introduction à la théologie musulmane*, Paris, 1948.

Gaudefroy-Demombynes, Jean, *La pélérinage à la Mekke*, Paris, 1923.

Geertz, Clifford, *Islam Observed*, New Haven, 1968.

Gerholm, Tomas and Lithman, Yngve George (editors), *The New Islamic Presence in Western Europe*, London and New York, 1988.

Gibb, Sir Hamilton A. R., *Mohammedanism*, London, New York, Toronto, 1953.

Goldziher, Ignaz, *Muslim Studies*, edited by S. M. Stern, translated from the German by C. R. Barbar and S. M. Stern, 2 vols., Chicago, 1968~71.

——, *Mohammed and Islam*, translated from the German by Kate Chambers Seelye, with an introduction by Morris Jastrow, Jr., New Haven, 1917.

Gramlich, Richard, *Die schiitischen Derwischorden Persiens*, 3 vols., Wiesbaden, 1965~80.

——, *Die Wunder der Freunde Gottes: Theologien und Erscheinungsformen des islamischen Heiligenwunders*, Stuttgart, 1987.

Haarmann, Ulrich, *Geschichte der arabischen Welt*, Munich, 1987.

Halm, Heinz, *Die Schia*, Darmstadt, 1988.

Hamidullah, Muhammad, *Le Prophète de l'Islam*, 2 vols., Paris, 1959.

Hartmann, Richard, *Die Religion des Islam: Eine Einführung*, Berlin, 1944, reprinted in Darmstadt, 1992.

Hodgson, Marshall, *The Venture of Islam*, 3 vols., Chicago, 1975.

Husain, Freda (editor), *Muslim Women*, New York, 1984.

Ibn Hishām, ʿAbd al-Malik, *The Life of Muhammad*, a translation of Ibn Ishāq's *Sīrat Rasūl Allah* by A. Guillaume, Lahore, 1955.

Jäschke, Gotthard, *Der Islam in der neuen Türkei*, Leiden, 1951.

Jomier, Jacques, *How to Understand Islam*, New York, 1989.

Kassis, Hanna E., *A Concordance of the Qurʾan*, with a foreword by Fazlur Rahman, Berkeley, 1983.

Keddie, Nikki R. (editor), *Scholars, Saints and Sufis: Muslim Religious Institutions Since 1500*, Berkeley, 1972.

Der Koran, (German) translation by Max Henning, introduction and notes by Annemarie Schimmel, Stuttgart, 1960, 1991.

Der Koran, (German) translation by Rudi Paret, 2 vols.: Vol. 1, Translation, Stuttgart, 1962, reprinted in 1982; Vol. 2, Commentary and Concordance, Stuttgart, 1971, reprinted in 1977.

Der Koran, (German) translation by Friedrich Rückert, Frankfurt, 1888, reprinted in Hildesheim, 1980.

Lewis, Bernard (editor), *Islam and the Arab World*, New York, 1976.

Lings, Martin, *The Quranic Art of Calligraphy and Illumination*, New York, 1987.

MacCarthy, Richard, *The Theology of al-Ashʿari*, Cambridge and Toronto, 1953.

——, *Freedom and Fulfillment*, Boston, 1978. [Translation of various works of al-Ghazzali.]

Makdisi, George, *Religion, Law and Learning in Classical Islam*, Hampshire and Brookfield, 1991.

Martin, Richard C. (editor), *Islam in Local Contexts*, Leiden, 1982.

Massignon, Louis, *La Passion d'al-Hosayn Ibn Mansûr al-Hallaj, martyre mystique de l'Islam*, 2 vols., Paris, 1922, reprinted in 4 volumes in Paris, 1975. English translation, Princeton, 1982.

Molé, Marijan, *Les mystiques musulmans*, Paris, 1965.

Morgan, Kenneth (editor), *Islam: The Straight Path. Islam Interpreted by Muslims*, New York, 1958.

Mottahedeh, Roy, *The Mantle of the Prophet: Religion and Politics in Iran*, New York, 1985.

Mutahhari, Murtaza, *The Islamic Modest Dress*, translated from Persian by Laleh Bakhtiar, Albequerque, 1988.

Nasr, Seyyid Hossein, *Islam: Ideals and Realities*, London, 1966.

——, *Science and Civilization in Islam*, Cambridge, 1968.

Nelson, Kristina, *The Art of Reciting the Qurʾan*, Austin, 1985.

Nicholson, Reynold A., *Studies in Islamic Mysticism*, Cambridge, 1921.

Nöldeke, Theodor, *Geschichte des Korans*, 2 vols., Leipzig, 1860, second edition Leipzig 1909-38, reprinted in Hildesheim, 1961.

Nurbakhsh, Javad, *Sufi Symbolism: The Nurbakhsh Encyclopedia of Sufi Terminology*, translated by Leonard Lewisohn and Terry Graham, London, 1986~.

Padwick, Constance E., *Muslim Devotions*, London, 1960.

Pickthall, Marmaduke, *The Meaning of the Glorious Koran*, New York, 1953.

Popovic, Alexandre and Veinstein, Gilles (editors), *Les ordres mystiques dans l'Islam: Cheminements et situation actuelle*, Paris, 1986. (Recherches d'histoire et de sciences sociales. 13.)

Rahman, Fazlur, *Islam*, London, 1966.

——, *Major Themes of the Qurʾān*, Minneapolis, 1980.

Readings in the Qurʾan: A Contemporary Translation, Princeton, 1988.

Ritter, Helmut: *Das Meer der Seele: Mensch, Welt und Gott in den Geschichten des Farīd ud-dīn ʿAṭṭār*, Leiden, 1955.

Schacht, Joseph, *The Origins of Muhammadan Jurisprudence*, Oxford, 1950.

Schimmel, Annemarie: *And Muhammad Is His Messenger*, Chapel Hill, 1986.

——, *Calligraphy and Islamic Culture*, New York, 1984, 1989.

——, *Gabriel's Wing: A Study into the Religious Ideas of Sir Muhammad Iqbal*, Leiden, 1963, Lahore, 1989.

——, *I Am Wind, You Are Fire: The Life and Work of Rumi*, Boston, 1992.

——, *Islam in the Indian Subcontinent*, Leiden, 1980.

——, *Islamic Names*, Edinburgh, 1989.

——, *Mystical Dimensions of Islam*, Chapel Hill, 1975, several editions, revised 1990.

——, *The Triumphal Sun: A Study of Mowlana Jalaloddin Rumi's Work*, London and the Hague, 1978.

Smith, W. Cantwell, *Islam in Modern History*, Princeton, 1957.

Trimingham, J. Spencer, *The Sufi Orders in Islam*, Oxford, 1971.

Yusuf Ali, A., *The Holy Quran*, New edition, Lahore, 1977.

Waardenburg, Jacques (editor), *Islam, ideal en werkelijkheid*, Antwerp, 1984. [With an outstanding bibliography for further reading.]

Walther, Wiebke, *Die Frau im Islam*, Stuttgart, 1980.

Watt, W. Montgomery, *Muhammad: Prophet and Statesman*, London, 1964, reprinted 1969.

——, *Free Will and Predestination*, London, 1948.

——, *Muhammad at Mekka*, Oxford, 1953.

——, *Muhammad at Medina*, Oxford, 1956.

Von Grunebaum, Gustave E., *Muhammadan Festivals*, introduction by C. E. Bosworth, New York, 1988.

Wensinck, Arent Jan, *A Handbook of Early Mahammadan Tradition*, Leiden, 1927.

색 인

쿠란 인용

수라 1 (파티하 Fātiḥa) 47 48 60 181
수라 2/255 (권좌의 절 Throne Verse) 48-9 180; 2/257 102
수라 3/32 66; 3/139 114; 3/163 126
수라 4/157 108
수라 5/59 153
수라 7/171 50
수라 9 48; 9/29 102; 9/60 54
수라 11/108-9 125
수라 12 27; 12/53 148
수라 13/12 208; 13/28 162
수라 15/29 49
수라 16/108 105
수라 17/1 53 197; 17/70 50
수라 18/65 164
수라 21/107 (하느님 은총) 83 70
수라 27/16 170
수라 28/88 126

수라 33/40 31; 33/21 78; 33/72 50
수라 35/16 150
수라 36/16 (야신 Yāsīn) 48 180
수라 38/72 49
수라 41/53 50
수라 42/36 195
수라 53/9 197
수라 54/1 53
수라 55 (알-라흐만 ar-Raḥmān [지극히 자비로우신 분]) 66 ; 55/26 126
수라 59/23-24 209
수라 61/6 109
수라 72 123
수라 74/34 114
수라 81 22; 81/13 183
수라 96 22
수라 97 56
수라 112 25 47

명 칭

가다피 Muʿammar Ghaddāfī 200
가디르 쿰 Ghadīr Khum 축일 85
가브리엘 천사 121
가우트바흐쉬 Ghauthbakhsh 180
가잘리 Abū Ḥāmid al-Ghazzālī 128-9 159 160-1
가잘리 Aḥmad Ghazzālī 160
가즈나 Ghazna 37 41 127 170
가즈나조 Ghaznavids 37
간디 Mahatma Gandhi 194
갈랑 Antoine Galland 13
골드찌허 Ignaz Goldziher 15 81
골콘다 Golconda 왕국 42 137
공자 孔子 120
괴테 Johannes Wolfgang von Goethe 12 14 46 158 196 198
구약 Old Testament 109
구자라트 Gujarat 141
굴람 라바니 Ghulam Rabbani 184
굴람 사이다인 Ghulam Sayyidain 184
굴람 후세인 Ghulam Husain 184
굴람-이 다스트기르 Ghulām-i Dastgīr 180
「굴리스탄」 Gulistān 13
권좌의 절 Throne Verse 48-9 → 수라 2/255
그라나다 36
그리스 36 109 127 130 161 191: 과학 서적 36 130; 철학 36 127
그리스도 109-10 → 예수
그리스도교 9-10 13 17-9 23-8 35 41 45 49 54 78 95 98-9 101 103-5 107-10 129 145 147 158 179 196 198 202
기랄다 65

집 Sir Hamilton A. R. Gibb 92 113
나디르 샤 Nādir Shah 42
나사이 Nasāʾī 79
나시리 후스라우 Nāṣir-i Khusrau 139
나시르 앗-딘 Nasir ad-din 183
나이지리아 59
나일 강 165
나자프 Najaf 137
나키르 Nakir 천사 121
나폴레옹 190
낙슈반디야 Naqshbandiyya 165
네덜란드 11 15
네스토리우스파 Nestorians 19
네시미 Nesimi 144
노예 왕조 Slave Dynasty of Delhi 99
뇔데케 Theodor Nöldeke 15
누비안 Nubian 153
니마툴라히 Nimatullahi 207
니샤푸르 Nishapur 170
니자르 Nizār 140
니자리파 Nizaris 141
니잠 Nizam 194
니체 Friedrich Nietzsche 196-7
다라 쉬코흐 Dārā Shikōh 42 164
다르카위야 Darqawiyya 207
다마스커스 32 36 173
단테 Dante 198
대서양 33
데오반드 Deoband 학파 193
데칸 37 41-2 65-6 137 173
델리 39 41-2 96 99 167 186-8 194
델리 대학 189
독일 10-15 158 191 205

「동-서양의 디반에 대한 메모와 소고」
 Noten und Abhandlungen zum West-
 Östlichen Divan 12 14 46 198
동인도회사 East India Company 42
두라니 Aḥmad Shāh Durrānī 42
둔-눈 Dhu'n-Nūn 153-4
둘-피카르 Dhū'l-fiqār 134
드루즈파 Druzes 140
「디반」 Divan 14
「디완-이 샴스」 Diwan-i Shams 172
라비아 Rābi'a of Basra 96 152-3
라비타 Rābita 200
라쉬드 리다 Muḥammad Rāshid Riḍā 192
라이마루스 Hermann Samuel Reimarus 11
라이스케 Johann Jacob Reiske 12
라자스탄 Rajasthan 167 180
라지야 Rażiya 96
라틴어 10
라호르 Lahore 37
라흐만 바바 Rahmān Bābā 174
랑군 42 190
러시아 40 101 179 191
런던 205
레바논 140 190
레스기 Lesghi 191
로디 Lodi 41
로헨슈타인 Daniel Caspar Lohenstein 13
루미 Maulānā (Mevlâna) Jalaluddin Rūmī 73 108 151 166 169 171-3 198-9
루크노 Lucknow 137
루터 Martin Luther 10
룸 Rūm 38 171
뤼스템 파샤 Rüstem Pasha 모스크 67
뤽커르트 Friedrich Rückert 14

리비아 199-200
리터 Hellmut Ritter 124
리파이야 Rifa'iyya 164
마그립 Maghrib 83 155
「마나르」 Manār 192
마니교 Manicheism 116
마디나트 안-나비 Madīnat an-nabī 27
마라기 Muṣṭafā al-Marāghi 74
마르골리오스 D. F. Margoliouth 15
마르와 Marwā 언덕 57
마르즈 다비크 Marj Dābiq 40
마리아 66 107 110
마문 Ma'mūn ibn Hārūn 36 117
마쉬하드 Mashhad 137
마씨뇽 Louis Massignon 54
마울라나 Maulana 172
마투리디 al-Māturīdī 118
「마트나위」 Mathnawi 108 170 172-3
마호메트 Mahomet 10
마흐라타 Mahrattas 42 188
마흐무드 Mahmūd 37 41 127
만수르 Manṣūr 158 → 할라즈
「만티크 앗-타이르」 Mantiq at-tair 170
말라마티야 Malāmatiyya 151
말레시아 58
말리크 Mālik ibn Anās 88
맘룩 Mamluk 왕국 36 39-40 64-5 99 101 141
매콜리 Macauley 칙령 189
메걸린 David Friedrich Megerlin 12
메디나 Medina 19 27-9 33 40 51 59 68 88 102 115 186
메블라나 Mevlâna 172
메블레비야 Mevleviyya 166
「메블루디 쉐리프」 Mevlūd-i sherif 83
메소포타미아 148

메카 17 19 21 24 26-9 32 34 40 53 56-9 66 68 122 139 157 167 186
메흐메드 Mehmed 182 → 무함마드
멜키트파 Melkites 19
모로코 59 65 175
모세 26 120
몽골 38-9 101 141 167 171 185
무갈 Mughal 13 41-2 164 180 189
무르지아파 Murjites 113 115
무리딘파 Muridin 200
무사 알-카짐 Mūsā al-Kāzim 136
무스타올리 Mustaʿlī 139 141-2
무스타올리파 Mustaʿlians 142
무스타파 Muṣṭafā 182 → 무함마드
무스탄시르 Mustansir 140
무슬림 Muslim 79
무슬림 형제단 Muslim Brethren 201
「무시바트나마」 Muṣībatnāma 171
무아위야 Muʿāwiya 33 111
「무와타」 Muwaṭṭaʾ 88
무이누딘 치슈티 Muʿīnuddīn Chishti 167
무이즈 앗-다울라 Muʿizz ad-Daula 37
무타와킬 Mutawakkil 117
무타질라파 Muʿtazilites 72 88 115-8 126 128 137
무하시비 al-Ḥārith al-Muḥāsibi 153
무함마드 → 예언자 무함마드
무함마드 알리 Muhammad ʿAli 144
무함마드 알-마흐디 Muḥammad al-Mahdī 136
무함마드 알-바키르 Muḥammad al-Bāqir 136
무함마드 압두 Muhammad ʿAbduh 192
무함마드 이븐 다우드 Muhammad ibn Dāʾūd az-Ẓāhiri 89
무함마드 이븐 아슬람 Muḥammad ibn Aslam 82
무함마드 이븐 알-카심 Muḥammad ibn al-Qāsim 103
무함마드 이븐 알-하나피야 Muḥammad ibn al-Ḥanafiyya 135
무함마드 이븐 이스마일 Muḥammad ibn Ismāʿīl 138
무함메단 Muhammadan(s) 25 101
묵타르 Mukhtār 135
문카르 Munkar 천사 121
물탄 Multan 138 141 157 165 173
뮈르 William Muir 15
뮌헨 196
뮤티니 Mutiny 42
미가엘 천사 121
미국 205-7 → 아메리카
미나 Mīnā 57
미르 다르드 Mīr Dard 187
「미슈카트 알-안와르」 Mishkāt al-anwar 160
미함마드 Mihammad 182
미호리마 Mihrimah 모스크 64
바그다드 36-8 58 69 101 153 155 157 161 165
바누 아흐마르 Banū Ahmar 왕국 36
바드르 Badr 전투 28
바르트 Karl Barth 81
바부르 Bābur 41
바비교 Babism 144-5
바빌로니아 65
바스라 Basra 96 152
바압 Bāb 144-5
바예지드 비스타미 Bāyezīd Bisṭāmī 154
바이다위 al-Baidāwī 72
바이바르스 Baibars 39
바일 Gustav Weil 15

바젤 Basel 10
바툴 Batul 184
바티니야 Bāṭiniyya 73 139 159
바하우딘 왈라드 Bahā'uddīn Walad 171
바하우딘 자카리야 Bahā'uddīn Zakariyā 165 173
바하올라 Bahā Ullāh 145
바하이 Bahai 145
박트리아 149
반그리스도 Anti-Christ 13
발칸 반도 37-8 167
발크 Balkh 149 171
발포어 Balfour 선언 199
방글라데시 205
버버 Berber 족 35
베굼 Begums of Bhopal 97
베단타 Vedanta 155
베두인 Bedouins 18 32 78
베르그송 Henri Bergson 196
베커 Carl Heinrich Becker 16
벡타쉬야 Bektashiyya (Bektashis) 143 166-7
벵갈 37 41 59 84 165 174 188-9 194
보이젠 Friedrich Eberhard Boysen 12
보팔 Bhopal 96
보호라파 Bohoras 83 142-3
복음서 Gospels 26 80 120
봄베이 142
부락 Burāq 71
부르기바 Bourghiba 대통령 55
「부르다」 Burda 174
부르사 Bursa 38
부시리 al-Būṣīrī 174
부이조 Buwaihids (Buyids) 37
부처 Buddha 121
부하리 al-Bukhārī 78-9

불교 103 148
불랭빌리에 Henri de Boulainvilliers 11
불헤 샤 Bullhē Shāh 174
비루니 Khwarezmian al-Bīrūnī 127
비블리안더 Bibliander 10
비슈누 Vishnu 141
비엔나 Vienna 9 40
비자푸르 Bijapur 42 66
비잔틴 9 19 32-3 38 64
사나이 Sanā'ī 170
사누시야 Sanusiyya 188 191
사디 Muslihuddīn Sa'di 13
사마니드조 Samanids 37
사마라 Samarrā 64
사마르칸드 Samarkand 39
사비교인 Sabians 103
사우드 Al Sa'ūd 가문 89 186
사우디아라비아 186 200 202 204
사이드 Edward Said 16
사찰 사르마스트 Sachal Sarmast 174
사탄 48-9 57 108 124 178
사틸미쉬 Satilmish 184
사파 Ṣafā 언덕 57
사파위조 Safavids 40-1 191
산스크리트어 42
산틸라나 George Santillana 90
살라딘 Saladin [Ṣalāhuddīn] 39
살라피야 Salafiyya 191
살라후딘 자르쿠브 Ṣalāhuddīn Zarkūb 172
샤딜리야 Shādhiliyya 165-6 207
샤리아티 Ali Shariati 202
샤밀 Shamil 191
샤자라트 앗-두르 Shajarat ad-Dur 96
샤 자한 Shāh Jahān 42

명칭 221

샤피이 ash-Shāfiʿī 88
샤흐라스타니 ash-Shahrastānī 127
샴수딘 Shamsuddīn of Tabriz 171-2
성경 Bible 27-8 109
세네갈 188 200
세빌랴 65
세완 Sehwan 180
세일 George Sale 11
셀리미예 Selimiye 모스크 64
셀림 Selim the Grim 40
셀주크 37-8 66 171
셈족 17 124
소련 USSR 179
소코토 Sokoto 왕국 188
수단 Sudan 188
수라 Sura 25 46-8 51 73 102
수유티 Jalaluddin as-Suyuti 72
수피 Sūfī, Sufism 80 89 119 147-75 177-9 185 191 193 200-1 207
수흐라와르디 Abū Najīb as-Suhrawardī 165
수흐라와르디 Shihābuddīn Suhrawardī 160-1
수흐라와르디야 Suhrawardiyya 165 167
순니파 Sunnites 37 39-40 90 100 113 135-7 144 183 187 201 206
쉐이키 Shaikhi 학파 144
쉬라그 알리 Chirāgh ʿAlī 81
쉬바 Sheba 19
쉬아 Shia, Shiites 34 39-41 67 71 73 85 97 133-45 166 181 183-4 201; 왕조 36-7 39-40; 일곱 이맘파 136-7 139; 열두 이맘파 134 136-7 202 206
쉴레이마니예 Süleymaniye 모스크 64
쉴레이만 Süleyman the Magnificient 40
쉴레이만 첼레비 Süleyman Chelebi 83
슈바이거 Salomon Schweigger 10

슈프렝거 Aloys Sprenger 15
슐레스비히-홀슈타인-고토르프 Schles- wig-Holstein-Gottorp 13
스리나가 Srinagar 181
스와힐리 Swahili 어 84 174
스페인 9-10 12 35-6 65 101 105 127 167
시난 Mimar Sinan 40 64
시르힌디 Ahmad Sirhindi 184
시리아 21 33 39-40 65 88 101 105 137 141 148 190
시무르그 Simurgh 궁전 170
시바스 Sivas 38
시카고 81
시크교도 Sikh 42 188
시편 26 120 154 158
시핀 Siffin 전투 33 111 133
「신곡」 198
신드 Sind 33 141 174 180 194; 신드 어 Sindhi 84 141 174
신약 New Testament 109
신플라톤주의 128 138 158
아가 칸 Sultan Muḥammad Aga Khan III 142 194
아나톨리아 38-9 166 172-3 178
아담 26 49-50 120 123-4 156; 아담의 자녀 50 108 148
아드리아노플 38 → 에디르네
아라비아 17 19 56 77 89 123 131 138 186; 중앙 17 89; 이슬람 전 고대 77 123
「아라비안 나이트」(千—夜話) 13
아라파트 ʿArafāt 57
아랍 9-15 18-9 25-6 28 33 35-7 56 59 71 87 94 98 102 118 127-8 131 149 169 183 186 188 199; 아랍어 10-4 18 37 45 51 69 71 108 143 159 161 174 183-4 187 203 207; 비아랍계 무슬림 35 45 51; 문자, 서체 51 68-70 166;

예술 36; 문명 35 131 200; 문학 12 18 127; 시 18-9 158 169 → 아라비아, 사우디아라비아, 「아라비안 나이트」
아르다빌 Ardabil 191
아르벨라 Arbela (Irbil) 83
아리스토텔레스 128
아마트 알-와두드 Amat al-wadūd 183
아메리카 98 104 166 202 205-7
아미르 알리 Syed Aimeer Ali 194
아민 al-Amīn 21
아베로에스 Averroes → 이븐 루쉬드
「아베스타」 Avesta 116
아부 다우드 Abū Dā'ūd 79
아부 바크르 Abu Bakr aṣ-Ṣiddīq 27 29 32 144 155
아부 탈립 Abū Ṭālib 21 27 32
아부 하니파 Abū Ḥanīfa an Nu'mān 88 90 126
아브라함 26 28 57 120
아비센나 Avicenna → 이븐 시나
아비시니아 27 112
아샤리 al-Ash'arī 118 126-7
아샤리파 Ash'arites 119 128
아시아, 중앙 36-9 43 51 59 65 99 116 128 157-8 165 179 200 208; 동남아시아 200; 소아시아 171
아와드 Awadh 137
아우랑젭 Aurangzēb 42
아유비조 Ayyubids 39
아이샤 'Ā'isha 29 32 96 184
아인슈타인 Albert Einstein 196
아인 잘루트 'Ain Jālūt 39
아즈라일 'Azrā'īl 121
아즈미르 Ajmir 167 180
아즈하르 al-Azhar 대학 187
아크바르 Akbar 41

아타르 Farīduddīn 'Aṭṭār 170-1
아타투르크 Mustafa Kemal Ataturk 97 101 178 194 200
아티야 베굼 Atiya Begum 143
아프가니 Jamāluddīn Afghānī 191-3
아프가니스탄 37 127 139 170-1 181; 아프간 통치자 42
아프리카 51 88 196 199; 중 188; 동 43 142; 서 43 65 164 188 207; 남 59; 북 35 37 55 101 113 129 139 155 166 180 188 191 205 207; 흑인 200
아흐마드 Ahmad 109
아흐마드 Mirzā Ghulām Ahmad 195
아흐마드 알-리파이 Ahmad ar-Rifā'ī 164
아흐마드 알-바다위 Ahmad al-Badawī 165
아흐마드 칸 Sir Sayyid Ahmad Khān 74 81 193
아흐마디야 Ahmadiyya 109 195-6
아흐사 al-Aḥsā 138
아흘-리 하디스 Ahl-i hadīth 81
안달루시아 35
알라 Allāh 19 52 54 59 133 134 163 166 187; 알라의 딸들 25 122
알라무트 Alamut 140-1
알-라흐만 Ar-Rahmān 66 → 수라 55
알레포 40 128 144
알리 'Ali ibn Abī Ṭālib 33-5 67 85 111-2 133-6 138 143-4 155 181-4; 알리 가문 Alids 35 133 135; 친親알리 전승 pro-Alid 136
알리가르 Aligarh 193-4
알리쿨리 'Aliquli 184
알모라비드 Almoravids 35
알모하드 Almohads 35 129
「알-문키드 민 앗-달랄」 Al-munqidh min ad-dalal 159

알제리 188
알함브라 Alhambra 36
암살파 Assassins 140
압두르 라흐만 3세 ʿAbdur Raḥmān III 35
압둘라 ʿAbdullāh ibn Zubair 34
압둘 라티프 ʿAbdul Laṭīf Bhitāʾī 174
압둘라-히 안사리 ʿAbdullāh-i Anṣārī 170 177
압둘 자바 ʿAbdul Jabbar 182
압둘 카림 ʿAbdul Karim 182
압둘 카디르 질라니 177
압둘 하미드 1세 ʿAbbdul Hamid I 101
압드 알-라술 ʿAbd ar-Rasul 183
압바스(조) ʿAbbas(id) 35-8 64 101 117 157 185
앙카라 39 179 201
앵글로-무슬림 대학 Anglo-Muslim College 193
야곱파 Jacobites 19
야신 Yāsin 48 180 → 수라 36
야지드 Yazīd 33
야트립 Yathrib 27
에디르네 Edirne (Adrianople) 38 40 64
에르제룸 Erzerum 38
엘리야 179
엘말리 Elmali 72
영국 11 14 16 34 42 104 189-93 196 205; 영어 10 74 181 189
예니체리 Janissary 166
예루살렘 28 53
예멘 Yemen 136 141 174
예수 26 31 107-9 120
예언자 무함마드 Muḥammad the Prophet 10 19 21-9 31-4 38 45 47 59 61 63 67 71 86 91 100-2 109-11 115 120-2 128 134 143 147 160 162 164 168-9 175 181-2 183 187-8 197 203; 압두후[그분의 종] 197; 전기 15 79 193-4; 축복 102; 탄생 17 21 81 83-5; 가문 21 35 99 143-4 183; 동료, 후계자 24 31 75 79 85 111 134-5 144; 전승 60 75 78-9 81-2 85 87-9 136 143 164 188 → 순나; 후손 33 93 99 134-5 154; 가족 21 29 33 35 83-4 99 111; 모범 77 81-2 85 149 164 175; 찬양 174; 중재자 126 129 174; 영묘 59 67 182 186; 별칭 10 21 109 182 197; 야간여행 60 71 85; 초상 71; 묘사 10-2 15-6 59 67 71 80; 완벽한 인간 169; 유해, 유품 181-2; 가르침 45 51 53 63 69 73 75 79-80 90-1 93 105 113-4 118 134 148-9 177 → 하디스; 마지막 예언자 31 107 118 120 145 196; 신앙고백 52 120; 비방 105; 부인 21 26 29 31 95

오르한 Orhan ibn Osman 38
오리엔트 Orient 12-6 43 93 198
오마르 샤리프 Omar Sharif 184
오만 Oman 113
오스만 Osman 9 38 40 67 69 100 166; 제국 13-4 38 40-1 43 64-5 93-4 101 105 166-7 191 194-5; 터키 9 72
오스만 단 포디오 Osman dan Fodio 188
오스트레일리아 207
올레아리우스 Adam Olearius 13
와하비 Wahhabi(s) 89 177 186 200 202; 와하비주의 Wahhabism 200
왈리울라 Shah Waliullah 72 186-9
요셉 26
우르두어 Urdu 34 48 69 74 108 173 187 193-4 198
우마르 ʿUmar ibn al-Khaṭṭāb 32 144
우마이야 Umayya 32
우스만 ʿUthmān ibn ʿAffān 32 46 144
우즈리파트 Uzlifat 183
우즈베키스탄 Uzbekistan 179

「우파니샤드」Upanishads 42
우후드 Uhud 전투 28
울프슨 Harry A. Wolfson 110
워싱턴 Washington DC 206
유고슬라비아 38
유누스 엠레 Yūnus Emre 173
유대교(인) 17 19 27-8 35 80 95 98-9 102-5 124 143
유럽 9-14 36 39 43 55 81 98 104 131 152 166 188 191
윰간 Yumghān 138
이라크 32 34-5 37-8 83 88-9 116 148 153 155-6
이라키 Fakhruddīn ʿIrāqī 173
이란 13 32 34 37-41 45 67 69 71 89 97 99 115-6 136 140-2 144-5 149 155 159 170 173 184 188 191 198 202
이란 이원론 115-6 124
이바디 Ibadi 113
이베리아 반도 35
이맘이야 Imamiyya 137 → 쉬아
이브 49
이브라힘 Ibrāhīm ibn Adham 149
이븐 루쉬드 Ibn Rushd(아베로에스) 129
이븐 마자 Ibn Māja 79
이븐 무클라 Ibn Muqla 69
이븐 시나 Ibn Sina(아비센나) 128-9
이븐 아라비 Muhyī'd-dīn ibn ʿArabī 59 73 89 167-9 173-4 199
이븐 아타 알라 Ibn ʿAtāʾ Allāh 166
이븐 알-파리드 ʿUmar ibn al-Fāriḍ 169
이븐 압드 알-와합 Muḥammad ibn ʿAbd al-Wahhāb 89 186
이븐 타이미야 Ibn Taimiyya 89 91 185-6 191
이븐 투파일 Ibn Ṭufail 129
이븐 하즘 Ibn Hazm 89 127

이븐 한발 Aḥmad ibn Ḥanbal 88 117
이븐 할둔 Ibn Khaldūn 130
이블리스 Iblis 123
이스라엘 199
이스라필 Isrāfīl 23 121
이스마일 Ismāʿīl (이스마엘) 28 57
이스마일 Shāh Ismāʿīl 40
이스마일 앗-다라지 Ismāʿīl ad-Darazī 140
이스마일파 Ismailiyya, Ismaili/s 39 136-7 139 141-3 162 206
이스탄불 38 64 67 101 181
이슬라마바드 Islamabad 66
「이슬람의 정신」The Spirit of Islam 194
「이슬람 종교사상의 재건에 관한 여섯 편의 강의」Six Lectures on the Reconstruction of Religious Thought in Islam 198
이슬람회의기구 ICO (the Islamic Conference Organization) 195
이집트 32 37 39-40 64-5 69 82 88 91 96 99 101 105 139-41 153 155 165-6 169 184 186 190 192 201 → 맘룩
이크발 Muhammad Iqbāl 54 75 143 178 195-9 202 208
이탈리아 10 191
「이흐야 울룸 앗-딘」Iḥyāʾ ʿulūm ad-dīn 159-60
인더스 계곡 Indus Valley 33 103 157
인도 13-4 37 39 41-3 51 58-9 69 71-2 74 82 88 91 98-9 127; 아대륙 37 43 65 103 131 137 141; 영국령 34 104; 인도 무슬림 64 75 81-2 88 96 101-2 104
인도 국민회의 the Indian National Congress 193
인도 무슬림 총연맹 the All India Muslim League 194 199
인도네시아 43 59 65 88 162 175 199

인도-파키스탄 82 96
일라히야트 파퀼테시 Ilâhiyat Fakültesi 201
자마흐샤리 az-Zamakhshari 59 72
자미 Molla ʿAbdur Raḥmān Jāmī 173
자발 타리크 Jabal Ṭāriq 33
자발 하우란 Jabal Hauran 140
자브리야파 Jabrites 114
「자비드나마」 Jāvīdnāma 198
자이드 Zaid ibn Zain al-ʿĀbidīn 135
자이디야 Zaidiyya 134 135-6
자인 Zain al-ʿĀbidīn ibn Ḥusain 135
자인 앗-딘 Zain ad-din 183
자카리야 Zakariyā 66
자파르 Ismāʿīl ibn Jaʿfar aṣ-Ṣadiq 136-8 183
자항기르 Jahāngīr 42
자흐라 Zahrā 184
자히르 법학파 Ẓāhirites 89
「잔드」 Zand 116
잠잠 Zamzam 58
주바이르 Zubair 34
줄라이카 Zulaikha 27
중국 43 65 67 200
조로아스터교(인) 98 103 116
조지 St. George 179
주나이드 Junaid 155
지브랄타 33 → 자발 타리크
지아 괴칼프 Zia Gökalp 200
진나 M. A. Jinnah 143
질라니 ʿAbdul Qādir al-Gīlānī (Jīlānī) 161 164 177 180
「축복받은 갈망」 Selige Sehnsucht 158
치슈티야 Chishtiyya 165 167
카디 누만 Qādī Nuʿmān 142
카디리야 Qādiriyya (Qadarites) 115 164

카라치 180
카르마트파 Qarmathians 138
카르발라 Kerbelā 34 85 134-5 137
카바 Kaʿba 성전 17 28 56-7 59 68 138-9
카슈미르 109 181
카스탈라니 al-Qastallānī 126
카스피아 해 136
카이세리 Kaiseri 38
카지마인 Kāzimain 137
칸다하르 Qandahar 181
캐나다 142 205
캘커타 15
케임브리지 대학 196
케테넨시스 Robertus Ketenensis 10
코란 Koran 11 → 쿠란
코카서스 40 179 191
코르도바 64 89
코소바 Kosova 38
콘스탄티노플 38 → 이스탄불
콘야 Konya (Iconium) 38 171-2
콥트인 105
쿠라이쉬 Quraish 족 21
쿠란 11 15 21-2 24-7 32 35 45-75 77-8 80-3 85 87-92 95 98 102 105 107-14 116-8 120-4 126 133-4 139 144 146-151 154 159 162 169 173-4 179 181 183 185-7 191-2 197 202 204 206 208; 해석, 주석 15 43 59 71-5 ; 낭송 45-6 51-2 60-2 73; 번역 10-1 45-6 72
쿠르드족 Kurds 39
쿠브라 Najmuddīn Kubrā 165
쿠브라위야 Kubrāwiyya 165
쿠아이디 아잠 Quaid-i azam 143
쿰 Qum 137
큐츄크 카이나르카 Küçük Kaynarca 조약 101

쿠파 Kufa 68
쿠피체 Kufic 68
크랙 Kenneth Cragg 54
크로머 Lord Cromer 190-1
크리미아 반도 101
키레나이카 Cyrenaica 191
「키탑 알-힌드」 Kitāb al-Hind 127
「키탑 앗-타와신」 Kitāb aṭ-ṭawāsīn 158
키트랄 Chitral 142
키프차크 Kipchak 초원 40
킨디 al-Kindī 128
「타드키라트 알-안리야」 Tadhkirat al-anliyā 170
타리카 무함마디야 Ṭarīqa muḥammadiyya 187
타리크 Ṭāriq 33
타밀 Tamil 175
타바리 aṭ-Ṭabarī 72
타브리즈 Tabriz 144 171
타스비(염주) 61 182
「타이야트 알-쿠브라」 Tāʾiyyat al-kubrā 169
타지 마할 Taj Mahal 42
타히라 쿠라툴 아인 Ṭāhira Qurrat ul-ʿAin 144
터키 9 11 13-4 36-7 39 44 48 51 55-6 60 64 67 69 72 82-4 88 91 97-9 101 108 119-20 137 143-4 165 167 172-4 178 182 184 193-5 200-1 205 207 → 오스만
토라 Torah 26 120
투그룰 벡 Tughrul Beg 37
튀니시아 69
트란스옥시아나 Transoxiana 33
티르미디 Abū ʿIsā at-Tirmidhī 79
티무르 Timur (Tamerlane) 39 41
티야브제 Badraddin Tyabjee 143

티자니야 Tijāniyya 188
파드룰라 Fadlullāh of Astarabad 143
파라비 al-Fārābī 128
파르가나 Farghana 41
파르베즈 Ghulām Ahmad Parvēz 81
파르시교인 Parsees 41
「파얌-이 마슈리크」 Payām-i mashriq 198
파이잘 모스크 이슬라마바드 Faisal Mosque Islamabad 66
파즐루 라흐만 Fazlur Rahman 81
파키스탄 33 44 54 66 71 81 84 137 142-3 174 196 199 201 204
파탄 Pathan 174
파티마 Fāṭima 33 83 96 101 134-5 143 181 184
파티미조 Fatimids 37 39 83 101 139-40 142
파티하 Fātiḥa 47-8 60 181 → 수라 1
판즈탄 Panjtan 143 181
팔레비 Pahlavi 왕조 202
팔레스타인 32
펀잡 Punjab 138 141 174 188 195
페르시아 12-4 19 32 34 36-7 42 51 60 64 69 72 94 107-8 118-9 127 139-40 154 156 158-9 161 164 172-4 187 189 196 198 207
「페르시아 형이상학의 선새」 The Development of Metaphysics in Persia 196
포르투갈 66
포트 윌리엄 캘커타 Fort William Calcutta 14
포티파르 Potiphar의 아내 27
「푸수스 알-히캄」 Fuṣūṣ al-ḥikam 168
「푸투하트 알-마키야」 Futūḥāt al-makkiyya 167
풍요로운 아라비아 Arabia felix 17
프랑스 13-4 16 190-1 196 205

플라시 Plassey 전투 189
플라톤 128
플레밍 Paul Fleming 13
피지 A. A. A. Fyzee 142
「피크 아크바르」 Fiqh Akbar 120
하갈 58
하기아 소피아 Hagia Sofia (Aya Sofya) 대성당 64
하니카 Khaniqah 회관 207
하나피 법학파 Hanafites 88
하디자 Khadīja 21 22 29
「하디카트 알-하키카」 Ḥadīqat al-ḥaqīqa 170
하라즈 Abū Bakr al-Kharrāz 153
하룬 알 라쉬드 Hārūn ar-Rashīd 36
하르낙 Adolf von Harnack 10
하산 Hasan ibn ʿAlī 33 133 136 143 181 183-4
하산 알-바스리 Ḥasan al-Baṣrī 148
하산-이 사바 Ḥasan-i Ṣabbāḥ 140
하쉼 가문 Hashim clan 21
하와리즈파 Kharijites 33 112-3 115
하우사 Hausa 174
하우사랜드 Hausaland 188
하이더라바드 Hyderabad 194
「하이 이븐 야크잔」 Ḥayy ibn Yaqẓān 129
하지 바이람 Hajji Bayram 179
하킴 al-Ḥākim 140
하피즈 Hafiz 14
한발리 법학파 Hanbalites, 한발주의 Hanbalism 89 161 177 185-6
할라즈 Ḥusain ibn Manṣūr al-Ḥallāj 124 156-8 169
함단 카르마트 Ḥamdān Qarmaṭ 138
함머-푸르그스탈 Joseph von Hammer-Purgstall 14

함자 Hamza 140
헌터 W. W. Hunter 190
헤겔 철학 196
헤라트 Herat 39 173
헬레니즘 115 197
호라산 Khorasan 37 102 148
호즈키 Khojki 문자 141
홀슈타인 Holstein 13
황금 마흠 상像 goldne Mahomsbilder 10
황금해안 Goldcoast 199
회전무 더비쉬 Whirling Dervishes 166
후라 Hurra 여왕 141
후루피파 Hurūfīs 143-4
후르그론예 Christiaan Snouck Hurgronje 15
후마윤 Humāyūn 41
후사무딘 첼레비 Ḥusāmuddīn Chelebi 172
후세인 Husain ibn ʿAlī 33-4 85 134-6 143 181 183-4
「후자트 알라 알-바리가」 Hujjat Allāh al-bāligha 187
훈자 Hunza 142
휴스턴 Houston TX 206
흑인 무슬림 Black Muslims 206
히드르 Khiḍr 179
히라 Ḥīrā 산 22
「히캄」 Hikam 166
힌두(교) 41-2 98 103 141 164 174 180 193-4 201
힐라파트 Khilāfat 운동 194-5

용 어

구슬 ghusl 62
굴 ghūl 123
굴람 ghulām 184
그노시스 gnosis → 마리파
금요 예배 60 62-3 92 100 104
기난 ginān 141
기둥 pillars of Islam 52-3 60 102 119
나디 알리얀 nādi ʿAliyyan 143
나마즈 namāz 60
나수트 nāsūt 156
나스탈리크 nastaʿlīq 69
나프스 nafs 148 151
나프시 나프시 nafsī, nafsī 31
낙원 24 110-1 123 126 152 183
네챠리 nēcharī 193
능동적 제일 이성 active First Intellect 130
니르바나 nirvana 155
니야 niyya 54 60
다르 알-이슬람 dar al-islām 104
다르 알-하르브 dār al-ḥarb 104 189
다이 dāʿī 141
단식 53-6 92 148 151 180
더비쉬 dervish 143 150
둘-히자 Dhuʾl-hijja 56 85
디아스포라 diaspora 205
디야 diya 99
디크르 dhikr 162-6
딘 dīn, 앗-딘 ad-dīn 183
딘 와 다울라 dīn wa daula 111
딤마 dhimma, 딤미 dhimmī 103-5
라 디니 lā dīnī 203
라마단 Ramaḍān 53-6 63 85
라비 알-아왈 Rabi ʿal-awwal 83-4

라우다 rauḍa 59
라울라카 라울라카 마 할라크툴-아플라카 laulāka laulāka mā Khalaqtuʾl-aflāka 53
라이 raʾy 88
라일라트 알-바라아 lailat al-barāʾa 85
라일라트 알-카드르 lailat al-qadr 56
라자크 ar-razzāq 149
라잡 Rajab 85
라크아 rakʿa 55 60-2
라흐마탄 릴-알라민 raḥmatan liʾl-ʿalamin 102
랍바이카 labbaika 57
리다 riḍā 151
리바 ribāʾ 204
마드라사 madrasa 38 64 90
마드하브 madhhab 87-9 93 177 185 192
마르티야 marthiya 34
마리파 maʿrifa 154
마스지드 masjid 63
마왈리 mawālī 35
마울루드 maulūd 83-4
마즈눈 majnūn 123
마크툴 maqtul 160
마트나위 mathnawi 170
마튼 matn 79
마흐디 mahdī 135 195
마흐르 mahr 97
말라마 malāma 151
맘룩 mamlūk 36
머하운드 mahound 10
메젤레 mejelle 94
모스크 mosque 38 40 52 56 61-8 71 84 92 104 189 205-6

무르쉬드 *murshid* 161
무르지아 *murjiʿa* 113
무르타드 *murtadd* 105
무리드 *murīd* 162-3 171
무살라 *muṣallā* 63
무술마니 *musulmānī* 82
무에진 *muezzin* 61
무와히둔 *muwaḥḥidūn* 186
무즈타히드 *mujtahid* 136
무지자 *muʿjiza* 178
무칼라프 *mukallaf* 92
무타 *mutʿa* 97
무타칼림 *mutakallim* 119
무프티 *muftī* 93
무하람 *Muharram* 34 85 134
무하사바 *muhāsaba* 153
무함마디 *muhammadī* 25
문화적응 acculturation 205
물질적 이성 material intellect 130
미나렛 *minaret* 61 65
미흐랍 *miḥrāb* 66-7
민바르 *minbar* 67
바라카 *baraka* 17 48
바스말라 *basmala* 48
바틴 *bāṭin* 139
박티 *bhakti* 174
벽감 *niche* 63-4 66-7 160 → 미흐랍
부활 → 심판, 키야마트
브라흐만 *brahman* 155
비다 *bidʿa* 82
비스밀라 *bismillāh* 29 48
비스밀라 카르나 *bismillāh karnā* 48
비스밀라힐-라흐마닐-라힘 *bismiʾllāhiʾr-rahmāniʾr-rahīm* 48
빌라 카이파 *bilā kaifa* 118

사이드 *sayyid* 96-8
사이드나 *sayyidnā* 142
살라트 *ṣalāt* 26 60-1 63 139
살라프 *salaf* 191
살라피-수피 *salafī*-Sufi 193
살람 *salām* 25
샤리아 *sharīʿa* 91-4 100 102 159
샤리프 *sharīf* 80
샤반 *Shaʿban* 85
샤하다 *shahāda* 52 134
샤히드 *shahīd* 58 126
사히흐 *ṣaḥīḥ* 79-80
샤피 *shafiʿ* 31
샵-이 바라트 *shab-i barāt* 85
서예 calligraphy 39 68-71 96 120 143 190 200
서화 inlibration 110
선재 pre-existence 128
성례 sacrament 73 97
성전聖戰 → 지하드
세계 영혼 World Soul 138
세밀화 miniature painting 39 41 71
세속주의 secularism 203
세정 ablution → 우두, 구슬, 타얌문
속인주의 laicism 44
수브하니 *subḥānī* 154
수프 *ṣūf* 147
순교자 → 샤히드
순나 *sunna* 77-8 81-2 85 87 91 113 118 125 136
순례(자) → 하지
술(금주) 49
술탄 *sulṭān* 36
쉐이크 *shaikh* 161-2 178 180
쉐이크 알 자발 *shaikh al-jabal* 141
쉐케르 바이라미 *sheker bayramī* 56

쉬르크 *shirk* 25
쉬아트 알리 *shīʿat ʿAlī* 34 133 135
쉰네트 *sünnet* 82
슈라 *shūrā* 195
스승주의 Pirism 178 → 피르
스페인 탈환 reconquista 105
슬픔에 싸인 성모 mater dolorosa 135
시라트 *ṣirāṭ* 124
신비수리학적 cabalistic 해석술 73
신비적-정관적 태도 mystical-contemplative attitude 197
신앙고백 → 샤하다
신적 영혼 Divine Soul 170
신적 원리 Divine Principle 128
신지학 theosophy 59 89 200
실실라 *silsila* 162
심판(의 날) 22-4 26 31 47-8 50 77 118 120-1 124-5 135 147-8 174
아날-하크 *anāʾl-ḥaqq* 156
아다(트) *ʿāda(t)* 94 118
아단 *adhān* 61
아들 *ʿadl* 117
아마나 *amāna* 50
아마트 *amat* 183
아바타 *avatar* 141
아사비야 *ʿaṣabiyya* 130
아슈하두 안 라 일라하 일랄라 무함마드 라술 알라 *ashhadu an lā ilāha illāʾLlāh Muḥammad rasūl Allāh* 52
아야트 *āyat* 49
아우카프 *auqāf* 189
아키카 *ʿaqīqa* 182
아트만 *atman* 155
아홀 알-키탑 *ahl al-kitāb* 98 103
알라스투 *alastu* 50
알라후 아크바 *Allāhu akbar* 60

알림 *ʿālim* 91
압두후 *ʿabduhu* 197
압드 *ʿabd* 182-3
여성 23 57 62 65 79 82 94-100 107 112 142-3 145 152-3 167 184 194 204-5
염주(타스비) 61 182
영묘 mausoleum 38 42 59 68 180 182 186
예배 → 살라트
예언자들의 봉인 seal of the prophets 31 145
예언자적-역동적 태도 prophetic-dynamic attitude 197
예정 predestination 114-6 118
와크프 *waqf* 189
와탄 *waṭan* 195
와흐다트 알-우주드 *waḥdat al-wujūd* 168
와히드 *wāḥid* 145
왈리 *walī* 97 134 177
왈리 알라 *walī Allāh* 134
우두 *wuḍūʾ* 61 90
우르스 *ʿurs* 163
우르프 *ʿurf* 94
우주적 영혼 Universal Soul 128
우주 지성 Universal Intellect 128
울라마 *ʿulamāʾ* 91 100 105
움라 *ʿumra* 56
움마 *umma* 31
움마티 움마티 *ummatī, ummatī* 31
움미 *ummī* 110
위프크 *wifq* 73
유출 emanation 128
육화 incarnation 110
이끄라 *iqraʾ* 22

이드 ʿid 63
이드가 ʿidgāh 63
이드 울-피트르 ʿid ul-fiṭr 56
이르판 ʿirfān 169
이만 īmān 159
이맘 imām 67 69 85 97 111-2 133-9
　141-2 183 201-2 206
이맘 니카히 imām nikāhi 97
이슈라크 ishrāq 160
이스나드 isnād 79
이슬람 islām 9 25 159
이슬람학 Islamwissenschaft/Islamology
　15 36 51 127 175 200-1
이즈마 ijmāʿ 90-1 136 192
이즈티하드 ijtihād 91 185 192
이콘 icon 68
이트나 아샤리 쉬아 ithnā ʿasharī shīʿa
　136
이프타르 ifṭār 55
이흐람 iḥrām 57
이흐산 iḥsān 159
이흘라스 ikhlāṣ 148
인산 알-카밀 al-insān al-kāmil 53
일름 울-리잘 ʿilm ur-rijāl 79
일부다처 polygamy 95
자르 알라 jār Allāh 59
자마아 jamāʿa 113
자미 jāmiʿ 63
자브르 jabr 114
자카트 zakāt 26 53-4 201
자프르 jafr 73 144
자히르 ẓāhir 89
자힐리야 jāhiliyya 18
정통 교리 orthodoxy 93
정통 실천 orthopraxis 93
제일 원인 prima causa 128

지구라트 ziggurat 65
지복직관 visio beatifica 127
지옥 23-4 111-3 120 122 124-6 147 152
지즈야 jizya 103
지하드 jihād 53 55 92 100 148
진 jinn 123
진디크 zindīq 116
천사 22 26 49 120-3 171
칠라 chilla 160
카다르 qadar 115
카디 qāḍī 93
카라마트 karāmāt 178
카리스마타 charismata 178
칼라 타알라 qāla taʿālā 45
칼리프 caliph → 할리파
케딥 Khediv 190
쿠트브 quṭb 177-8
쿨 qul, 쿨리 qulī 184
키야마트 qiyāmat 140
키야스 qiyās 88
타라위 tarāwīḥ 55
타리카 ṭarīqa 159 161 166 187-8
타바라 tabarrāʾ 144
타바카트 ṭabaqāt 79
타스비 tasbīḥ 61
타-신 ṭā-sīn 47
타얌문 tayammun 62
타와쿨 tawakkul 149-50
타우히드 tauḥīd 25 116 123 149 153
타키야 taqiyya 140
타하주드 tahajjud 60
탈라크 ṭalāq 98
탈리오 talio 99
틸라와트 tilāwat 51
파나 fanā 150 155

파르다 *parda* 96
파르드 *farḍ*; 파르드 알아인 *farḍ alʿain*; 파르드 알-키파야 *farḍ al-kifāya* 92
파라클레토스 *paraklētos* 109
파크르 *faqr* 149
파크리 파흐리 *faqrī fakhrī* 149
파키르 *faqīr* 150
파트와 *fatwā* 93
페리클레토스 *periklētos* 109
푸르다 *purdah* 96
피르 *pīr* 141 161-2 178
피 사빌 알라 *fī sabīl Allāh* 54
피크 *fiqh* 92 105
하느님의 말씀 the Word of God 74
하느님의 역사 the Work of God 74
하니프 *ḥanīf* 19 26
하디 비스밀라 *hadi bismillah* 48
하디스 *ḥadīth* 15 58 62 78-82 88-9 91 96 105 114 116 168 175 182 185-6 191-2: 하디스 쿠드시 *ḥadīth qudsī* 80 168
하라자 *kharaja* 112
하라즈 *kharāj* 103
하리크 울-아다 *khāriq ul-ʿāda* 118
하마일 *ḥamāʾil* 181
하-밈 *ḥā-mīm* 47
하쉬샤쉬윤 *ḥashshāshīyyūn* 140
하지 *ḥajj, ḥājjī* 56 58
하지르 이맘 *ḥāẓir imām* 142
하크 *ḥaqq* 158
하피즈 *ḥāfiẓ* 52
할례 circumcision → 무술마니
할리파 *khalīfa* 31 33-9 46 49 64 90 100-2 111-2 117 140 144 157 165 185 194
현현 manifestation 169

호자 *khōjā* 141
후트바 *khutba* 62
히르카-이 샤리프 *khirqa-i sharīf* 181
히잡 *hijāb* 205
히즈라 *hijra* (hegira) 27
히즈브 알-바흐르 *ḥizb al-baḥr* 166